시인 윤인자

## 간이역을 지나며

2025년 9월 10일 인쇄
2025년 9월 15일 발행

지은이 윤인자

펴낸이 강경호 편집장 강나루 디자인 정찬애
펴낸곳 도서출판 시와사람
등록 1994년 6월 10일 제 05-01-0155호
주소 광주시 동구 양림로119번길 21-1(학동)
전화 (062)224-5319  E-mail jcapoet@hanmail.net

ISBN 978-89-5665-784-4  03810

값 15,000원

＊잘못된 책은 구입하신 서점에서 바꾸어 드립니다.
＊이 책은 한국예술인복지재단 예술활동준비지원사업 일부지원으로 제작되었습니다.

이 도서의 국립중앙도서관 출판예정도서목록(CIP)은
서지정보유통지원시스템 홈페이지(http://seoji.nl.go.kr)와
국가자료종합목록 구축시스템(http://kolis-net.nl.go.kr)에서
이용하실 수 있습니다.

공급처 ■ 한국출판협동조합
경기도 파주시 탄현면 오금리 202번지
주문전화 (02)716-5616, 070-7119-1740

# 간이역을 지나며

윤인자 시산문집

시와사람

ⓒ 윤인자, 2025
이 책의 저작권은 저자에게 있습니다.
저작권에 의해 보호를 받는 저작물이므로
저자와 출판사의 허락 없이 무단 전재와 복제를 금합니다.

# 간이역을 지나며

■ 시인의 말

농사가, 과수원이, 나의 글 종자가 되어주어
그들과 친밀하게 소통하며
이야기를 만들어 낸다.
오늘도 과수원을 거닐며 풀꽃과 나무와 새들과 벌,
나비와 속삭이며 내밀한 자연을 번역하고 있다.
과일을 수확하고 시를 수확하며….

2025년 9월 윤인자

간이역을 지나며 / 차례

■ 시인의 말

# 1 간이역을 지나며

간이역을 지나며 _ 16
노년의 시간 _ 17
마음은 스물 몇 살 _ 18
커피와 인생 _ 19
외로운 간이역 _ 20
암과 함께 _ 22
울음 _ 24
봄꽃들 _ 26
몰래 온 봄 _ 27
홍매화 분분한 날 _ 28
봄의 길목에서 _ 29
봄의 뜨락 _ 30
봄날은 가고 _ 31
봄이 오나, 봄 _ 32
가문 날 _ 33
가을이 막 도착하였는데 _ 34

## 2 어머니의 노을

어머니의 노을 _ 38
기억을 흘러내리다 _ 39
저녁 무렵 _ 40
어머니의 밭 _ 41
어머니 장례식날 _ 42
놋쇠 요강 _ 44
어머니 제삿날에 _ 46
어머니의 사원 _ 48
찔레꽃 필 무렵 _ 50
아버지의 소금꽃 _ 52
고향 집 우물 _ 54
옥수수 익어가는 8월 _ 56
어버이날에 _ 58
아카시아꽃 피는 오월 _ 60
외할아버지 _ 61
놋쇠 요강 2 _ 62

## 3 수숫대

수숫대 _ 66
폐비닐, 봉투 같은 _ 67
늙은 호박 _ 68
폭설 _ 70
산수화 그리는 달팽이 _ 72
해변 산책 _ 73
목련 한 그루 _ 74
겨울 배추밭에서 _ 75
비 오는 날 _ 76
애기동백 1 _ 78
애기동백 2 _ 79
폭염 _ 80
오디 도둑 _ 82
소쩍새 우는 밤 _ 83
동백꽃 _ 84

# 4 소금꽃

소금꽃 _ 86

섬 _ 87

섬은 바다의 가슴에 뿌리를 내린다 _ 88

거미줄과 바람 _ 89

4월 _ 90

가을비 _ 91

물음표 한 시루 _ 92

까치 지저귀는 아침 _ 93

텃밭 _ 94

배꽃 시화전 _ 95

대장 민어 _ 96

여름 과수원 _ 98

날아가 버린 詩 _ 99

오늘도 컴퓨터를 켠다 _ 100

빈집 _ 102

삼겹살 데이 _ 104

# 5 과수원에서 보낸 한 生

과수원에서 보낸 한 生 _ 106
집 한 바퀴 돌면 배가 부르다 _ 110
한여름 밤의 추억 _ 114
방조제 둑에 앉아서 _ 117
딸 부잣집 사람들 _ 120
전통 장아찌 만들기 _ 125
망둥이 낚시하던 날 _ 129
건강한 노년을 위하여 _ 134
천사의 섬 신안 문학 기행 _ 138
하늘나라에 계신 어머님께 _ 145
수혈 _ 148
바랑 _ 151
사우나, 세신사의 진단 _ 154
비비각시 섬 이야기 _ 161
신안의 토속 음식 _ 165

작품론
生의 秘儀와 생명성, 그리고 모성성의 변주 / 강경호 _ 169

# 1

간이역을 지나며

## 간이역을 지나며

수많은 역을 거쳐 숨이 가쁜 열차
때로는 비가 내리고, 때로는 눈이 내리는
길고 긴 레일을 타고 달려왔다

내 고향 남녘 강진에서 시작된 여행
세월의 플랫폼에서 인연을 맺고 이별하는
종착역이 어딘지도 모르는 열차는
레일을 이탈하여 상처를 입기도 하고
사랑을 만나 행복하기도 했다

열차에 몸을 실은 나는 철로에서
가슴이 뛰고 설레며 미지로 달려간다
이제 서서히 저녁 햇살 눈부신
황혼, 하늘나라 역으로 가는 길목에서

후회하지 않을 만큼 잘 살았어,
이렇게 말할 수 있을까
간이역을 지나치며
지나온 뒤안길을 다시 뒤돌아본다.

# 노년의 시간

떠나는 묵은해와
오는 새해의 여백은 얼마일까?
어느 누구도 셈하지 못할 시간으로는
형용할 수 없는 극과 극의 거리
눈 깜짝한 사이, 떠난 해와 오는 새해
그 가늠할 수 없는 사이에 한 역사가 바뀐다
눈 한번 깜빡, 숨 들이마시는 순간
한 해가 사라지고 새해가 밝았다
시차가 갈라서고 해가 바뀌고
역사가 한 획을 그은 새해 아침
또 그렇게 순식간에 한 살을 더 먹고
나이가 들어가는
노년의 시간.

## 마음은 스물 몇 살

나이는 칠십 대 마음은 이십 대
마흔 살 때도 쉰 살 때도 환갑에도
언제나 한결같은 마음은 스물 언저리
황혼을 바라보며, 아침 동이 아름답다고
두려움도 없고 그렇다고 용기도 없으면서
몸은 늙고 무거워 숨이 차면서도
철없는 마음만은 이십 대
그저 야속한 세월만 원망하며

# 커피와 인생

커피를 마신다

인생의 사랑과 행복을 알고
인생의 여행을 즐기며 살아가며
인생의 쓴맛 단맛을 배운다

뜨거운 사랑과 슬픈 이별,
향기롭고 멋진 행복한 날들

달콤한 커피,
믹스와 쓰디쓴 아메리카노
식어버린 밍밍한 커피

떠나버린 사랑과 이별은 슬프고 쓰디쓰다

달콤하고 행복한 신혼을 살면서
시곗바늘 돌아가듯 돌아온 인생길
세월에 젖고 달리는 숨 가쁜 인생 역정
커피 맛에 인생이 배어 있다.

## 외로운 간이역


바람도 스쳐 가는 곳
건널목에서 만난 낯선 사람과
마주쳐 눈인사한다
배웅 나온 사람도 없고
역무원도 없는
하루 한두 번 정차하는 간이역,
떠나는 발길도 돌아오는 발길도 쓸쓸히
한낮의 해도 지루하기 그지없는
긴 낮잠에 빠진 간이역.

하루에 한두 번 텅 빈 기차가 지나는
플랫폼을 지키는 빈 의자에 먼지만 앉아
붉은 녹을 뒤집어쓴 철로는 마주 보며
졸린 실눈으로
어찌다가 오가는 사람 구경을 한다
때는 가을이어서
구석구석 낙엽만 수북이 몰려있고
휑하니 바람도 머물지 않는

한때 내가 지나온 길
오후를 맞는 내 生의 한가한 한때.

# 암과 함께

누군가 암에 걸렸다는 소리를 들어도
담담했던 마음에
소용돌이가 휘몰아친다
몇 날 며칠 내 마음에
태풍이 불고 파도가 범람한다

하필 나에게 몹쓸 것이 찾아오다니,
암은 관념이 아니다.
지극히 현실적인 것이어서
인생이 허무하고
아옹다옹 살아온 날들이 후회스럽다

벼랑 끝에 핀 꽃처럼
바람에 파르르 떨며
엄천에 한기가 돈다
이제 얼마나 남았을까?
저기가 거기인가?

끝자락이 선명하게 보이는 것 같을 때,
그 지긋지긋한 것
나를 괴롭히는 너를 쓰러뜨리겠다
암이 나를 일으켜 세운다.

# 울음

세상에 나오면서부터 울음이다
배가 고파도 울음,
오줌과 똥을 지려도 울음,
아기에게 울음은 메시지다

살아가면서
억울하고 분할 때
미치게 누군가가 그리울 때
환장하게 즐거울 때
아기 때의 울음보를 건드린다
울고 싶지만, 꾹 참을수록
팽팽해지는 울음보

팔십을 바라보는 요즈음
흘러가 버린 세월이 무심해 눈물이라고,
선산에 누운 아버지가 그리워
더더욱 그립고 보고 싶은 것은
그래서 예민해진

울음보가 터질 듯한데
가끔은 아무도 모르게
장독대 아래서 숨죽여
가만가만 울어 본다.

# 봄꽃들

겨울 후렴 같은 꽃샘추위 속
땅에선 모닥불처럼 김이 솟아오르고
나무들은 늘어지게 기지개를 켠다

논두렁 밭두렁 쥐불놀이 아지랑이
불이 지나간 잿빛 속에서 쑥이 고개를 들고
꽃들이 하나둘 환한 꽃등을 들고 봄을 비춘다

조밥 같은 산수유꽃
새색시 족두리 같은 매화꽃
무슨 궐기 대회라도 하듯
사방에서 봄꽃들이 만세를 부르는 날
마을은 온통 봄꽃들이 만국기처럼 나부낀다.

# 몰래 온 봄

2월의 정원은 고요한 듯하지만
꽃샘추위에 놀란 봄꽃들이 눈치를 보다
수선화 노란 입김이 잔설을 녹이고
황사 방지용 마스크로 코와 입을 가린 봄은
가만가만 꽃샘추위를 밀어낸다
그 틈새를 타고 진달래꽃들은
곧 다가올 3·1 만세 운동처럼
깃발을 흔들며 산 아래에서부터 함성이 요란하다
마침내 초록 바람과 함께
집 앞 화단까지 밀고 온 시위 대열에
화들짝 놀란 할미꽃 민들레꽃들이
두 손 번쩍 들어 만세를 부른다.

## 홍매화 분분한 날


쑥 자란 홍매화 밭 언덕에
밭고랑을 메우며 날아가는
분홍빛 눈송이
땅에 닿자마자 사위어가는
잠자리 날개보다 부드러운
마음을 배경으로
사진을 찍어 누군가에게 보낼거나
때마침 불어오는 봄바람에
풍선처럼 부풀어 올랐다가
지상에서 터지는 봄의 폭죽.

## 봄의 길목에서

2월의 화원에
수선화 새싹 쑥 올라온다
봄이 오는 길목에서
몸에 좋다는 곰보배추를 캔다
입은 깔깔하고
입맛 당기는 것 없다
시큰둥 의욕마저 상실이다
애기똥풀꽃 속에 긴 빨대 처박고
궁둥이 쳐들고 꿀을 빠는
각시나방의 생존 방식을 바라본다
하얀 배추나비 두 마리 얼싸안고
봄동 밭으로 숨는다
봄날은 여기저기 사랑꾼들의
혼인 잔치로 수선스럽다.

# 봄의 뜨락

누군가가 골담초 가지에 노란 버선을 매달 때
길쭉길쭉 풍선을 부는 병꽃,
사과꽃 자두꽃도 제 이름표를 달았다
붉은 댕기머리 명자는 올해도 다시 오고
모란꽃은 대접을 허공에서 들고 있는데,
그 아래 앉은뱅이 민들레, 할미꽃은
하얀 머리 풀어 헤치고
바람에 자식들 분가시키는
봄의 뜨락은 분주하고 왁자지껄
모두가 마술을 부리고 있다.

# 봄날은 가고

천지에 수소 폭탄처럼 폭발하던
꽃들이 지고 있다
한바탕 전쟁이 지나간 폐허일 것 같으나

유독 비가 많은 봄날은 가고
태풍과 천둥 속에 놀란 어린 것들은
상처를 감싸 안으며 단맛이 스며들겠지?

산등성이엔 하얀 구름 한 덩이 앉아 있고
산골짝엔 짙은 안개가 깔려 있는 이른 아침
촌로는 신작로를 가로질러
풀이 웃자란 밭뙈기로 향한다

시나브로 봄날이 가고
아이들 웃음소리 끊긴
노인들만 남은 마을, 고적하기만 하다.

# 봄이 오나, 봄


바람은 명주옷처럼 부드럽고 따스하다
개울가에 솜털 같은 버들개지 꽃 피고
봄동 밭 배추흰나비 나풀나풀 날아갈 때
울타리에 매달린 개나리 실눈을 치켜뜬다

봄은 늘어지게 기지개, 긴 하품하고
마루 밑에서 잠 깬 고양이 게으르게 기지개를 켜는
바구니 옆에 끼고 주머니칼 챙겨 들에 나간다

큰 샘골 논 지나 저수지 건너
산 밑 천수답, 자운영 꽃핀 논둑길 걸어가면
아기 쑥, 사랑 부리, 엉겅퀴나물이 지천이다

물 잡아놓은 텃논에는 개구리알들이 떠 있고
물오리 떼 찰방찰방 물장구치며 노니는데
혹한을 견딘 마른 잔디 속에서 봄이 두런거린다
굳건하게 지켜온 뿌리에서 새싹을 밀어 올리니
이제 정말 봄이 오나, 봄.

# 가문 날

싱숭생숭한 꿈을 꾸다가
늦잠을 잤다.
허둥지둥 쌀바가지를 수도꼭지에 대고
수도꼭지를 틀었다
물이 쨀쨀거리다가 멈추고 만다
밥도 밥이지만 화장실과 씻는 게 문제다
다섯 식구가 사용하는 아침 화장실과
출근 준비 머리를 감고 샤워는 어떻게 해야 하나
욕조에 물이라도 받아둘 걸 때늦은 후회
물을 아낍시다!
읍사무소에서 날마다 방송을 해댈 때
남의 일로만 생각했는데
아쉬운지 모르고 펑펑 쓰다가 아찔하다
물이 귀하고 우리 생명줄임을
알고 있었지만,
현실이 뼈아프게 다가온다
수도가 멈추니 집안이 올 스톱이다
내 몸도 가뭄이어서 피가 말라 간다.

# 가을이 막 도착하였는데

버스를 타기 위해 정류장에 서 있다.
안개 자욱한 신작로엔 가을이 당도해 있는데
가로수 감나무의 넙데데한 이파리 사이로
햇살을 피해 감 몇 개 내다본다

살갗은 불볕더위에 얼룩으로 물들고
무슨 생각에서인지 감 하나가 데구루루
땅에 떨어진다

가을 문지방까지 오는 동안 기진맥진했다가
당당하게 익어 말랑한 홍시로
사람들의 사랑을 받고 싶었을 텐데
뙤약볕 폭염이 제 이름을 지운다

한참 발 앞에 있는 감을 내려다보며
허망한 생명의 최후를 본다
누군가 쓰레받기에 쓸어 모아
생각 없이 쓰레기통에 버린다

〉
이윽고 버스가 도착하고
나는 가을 속으로 떠난다.

# 2

어머니의 노을

# 어머니의 노을

날마다 어머니는
노을 한 짐을 이고 오신다
가을바람도 함께 따라왔다
노을을 마루에 부려 놓고
한숨을 쉰다
초사흘 눈썹달이 뜨면 사라질 노을
뭐 하러 힘겹게 데리고 왔나요?
내 인생과 같아서 함께 지내보려고
한평생 같이 여기까지 왔는데
남은 시간도 노을처럼 곱게 살다가
황혼길 함께 손잡고 가보련다
어느새 노을이 되어 버린 어머니의 품새가
잘 다린 동정 단 저고리처럼 곱다.

# 기억을 흘러내리다

"누구세요."
엄마의 기억은
시간이 갈수록 멈추지 않고
모래시계의 모래처럼 흘러내렸다

정신이 맑아지면
"나 요양 병원 보내지 마라"
"죽으면 화장하지 마라"
입버릇처럼 당부하신다
혼자 두고 어디 갔느냐고
늘 허전하고 쓸쓸해하신 어머니

자꾸만 기억이 흘러내려
망각의 잔해들만 쌓여 간다

텅 비어가는 어머니의 머릿속
안간힘으로 당신의 이름을 버팅겨 새기려는
외롭게 절벽에 선 존재의 위태로움.

## 저녁 무렵

나무들도 어깻죽지가 축 처져 기운 잃은 날
목을 길게 늘어뜨린 산 그림자
마을에 내려와 드러눕는다
하루 종일 긴긴 해는 머리카락 강물에 담그고
하늘의 별들은 어둠 속에서 하나둘 눈을 뜬다
제트비행기가 하늘에 길을 내며 어디론가 가고
초사흘 눈썹달이 일찍이 서산을 넘는데
들에 가신 어머니 아직 들어오시지 않고
더위에 지친 백구가 컹컹 짖어대는 저녁 무렵
밥 짓는 냄새가 동네 골목에 허기를 재촉한다.

# 어머니의 밭

지금 어머니 인생은 가을 채소밭
푸른 배추 무 앞에 서 있네!

하루가 다 저문 노을 진 석양
봄, 여름 잘 살았노라.

가을 노을처럼 곱게 늙어 가고픈
억새처럼 하얘진 머리 걷어 올리며
허리 펴고 서쪽 하늘 붉은 노을을 바라다본다

가을 하늘 노을은 바다도 곱게 물들이고
어머니의 밭엔 무 배추가 쑥쑥 자라는데
하루 해는 노을 속으로 기울어 간다.

# 어머니 장례식날

어머니 보내드리는 날
산꼭대기 안개가
흰머리 풀고 문상을 왔다
흐린 날이라 더 슬픈 납덩이 같은 심사

마침내 안개도 떠나가고
문상객들도 자리를 뜬
한바탕 통곡하던 소낙비도 그치고
운구차는 화장장을 향해 바쁘게 달린다

상주들의 어깨가 들썩이도록
속울음 삼키며 운구차를 뒤따르는데
어머니 가시는 길 더듬지 말라고
하늘은 맑게 개어
하늘나라가 가까이 보인다

그곳에선 아프지 말아요
어머니!

고단한 삶을 지우고 아름다운 하늘나라에서
먼저 가신 아버지 만나
즐겁게 소풍을 즐기시며
머리 맞대고 알콩달콩 편안하셔요.

# 놋쇠 요강

어머니 떠나신 친정집 마당 한쪽
놋쇠 요강이 쓸쓸하다
울 엄니 시집올 때 가마 속에 넣어 가져온 농지기
밤이면 오 남매 쉬를 받아 내고
어린 우리를 키운 밥솥 같은 것
아픈 세월에 파랗게 멍이 들면
기왓장 곱게 갈아
지푸라기 수세미로 쓱쓱 문질러 닦아 주면
반짝반짝 빛이 나던 놋쇠 요강
새집 지으며 수세식 화장실로 바뀌면서
창고 마루 밑에 처박아 됐던 늙은 퇴기 같은 물건
남동생이 엿 바꿔 먹으려다 엄마에게 들켜
혼이 났던 놋쇠 요강
어머니 치매로 들어앉으실 때 다시 꺼내어 빛나게 닦아
안방에 다시 제자리 잡아 들어와
어머니와 함께 3년을 안방에서 살다가
다시 마당에 버려진 놋쇠 요강이
내 눈에 슬픔으로 들어온다

오늘은, 놋쇠 요강에 빗물이 차 있고
거기에 내 얼굴과 어머니의 얼굴이 얼비친다.

## 어머니 제삿날에

어머니 떠나신 지 일 년,
밭 언덕에 하얀 찔레꽃
생전의 미소처럼 하얗게 피어 있다
일생을 나다니시던 길 따라
오늘은 어머니 뵈러 가는 길
이승과 저승의 거리 얼마나 멀기에
사무치게 그리워 꿈속에서도 아득했는가?
찔레꽃 따다 시루떡 쪄주시던 어머니,
밭 언덕에 어머니 내음 질펀하다
당신 떠나신 유월의 이른 아침
슬픔처럼 왈칵
세찬 소낙비 한 자락 지나가고
명절날 곱게 입으신 옷매무새처럼
서쪽 바다와 하늘 끝 가로질러
쌍무지개 곱게 피었다
마지막 가시던 길처럼
하늘길 잇는 무지개다리
산과 들엔 하얀 찔레꽃 향기 진동하는데

찔레꽃 피는 유월엔 배고픈 유년의 그날처럼
엄마 엄마 부르며 하얀 찔레꽃 길 걷는다.

# 어머니의 사원

한평생
들일하러 나가기 전에
맨 먼저 장독대 항아리들을
신성한 종교 의식처럼 닦는다

손에는 하얀 행주
그 옆에는 물 양동이
닦고 빨고 또 닦으며,
큰독, 항아리, 자배기, 옴박지, 방구리, 동이
확독, 시루, 작은 단지까지
제 자식처럼 정성을 쏟았다

낮에는 해님이 놀러 오고
밤에는 달님이 망을 본다
집에 놀러 온 손님들도 욕심을 내는
가지런히 줄을 선 항아리들

자존심이고 보물들이어서

어머니의 사원에서
누구도 장독대를 범하지 못한다.

## 찔레꽃 필 무렵

아침 햇살이 이슬 위에서 부서진다
바람에 실려 온 찔레꽃 내음은
찔레떡 찌던 그 옛날 우리 어머니의
그리운 냄새, 마음을 먹먹하게 한다

뽀얀 멥쌀, 절구에 쿵쿵 찧어 고운체에 내려
찔레꽃잎 살살 섞어 시루에 안치고
초록 잎으로 예쁜 무늬 수놓으셨다

앞마당 화덕에 시루 얹고 시루편 바른 후
아궁이 솔가지에 불을 붙이면
한 김 올라와 향긋한 찔레꽃 설기 익는 냄새
어린 나는 화덕 앞에 쪼그리고 턱 받치고 앉아
맛있게 빨리 익어라 주문을 외웠다

올해도 찔레꽃은 숭얼숭얼 열렸는데
어머니, 지금은 어디에 계시나요?
꿈속에서 만날까

이불에서도 베개에서도 찔레꽃 떡 냄새 가득하여
불면의 밤을 지샙니다.

## 아버지의 소금꽃

아버지의 등허리에 핀 소금꽃
염전 바닥에 피는 소금꽃,
어떤 소금꽃이 더 짜디짤까

새벽부터 염전 둑 누비며
수차 돌리는 아버지
막걸리 한잔에 소금 안주로
뜨거운 여름 소금밭 일꾼으로 살면서

아버지라는 이름으로
소금강 건너 뼈 마디마디마다
사리로 가득할 것 같은
한숨 소리도 잠시 잠깐

가르치고 입히고 먹이고
도회지 가서 편히 살라고
소금 창고 싹싹 긁어 섬에서 육지로 보내
학비며 용돈 밀린 적 없이 소금꽃에 절인 작업복

〉
자식들 앞에 힘든 기색 한 번 보이지 않고
쉬는 날 아버지 도와주러 염전에 나가면
손사래 치며 집으로 쫓던
햇볕에 까맣게 탄 얼굴에
하얗게 소금꽃 피우는 아버지.

## 고향 집 우물

옛집 마당 한 켠
어린 나는 우물의 깊이가 궁금했다
이상하게도 여름엔 얼음처럼 시원하고
겨울엔 김이 모락모락 올랐다.
일 년 중 가장 더운 날 어머니는 열무 김치통을
끈에 매달아 우물 속에 담그고
수박과 참외도 우물 속에 담갔다가 먹었다
참으로 속을 알 수 없는 우물 속
전설 속 이야기처럼 신비스러운 우물 속
그 찬물을 두레박으로 길어 올려
땡볕에 물꼬 보러 갔다 오신 아버지
강변에서 소 꼴 뜯기다 돌아온 목이 타는 아이들
벌컥벌컥 우물물을 마시면
목을 타고 서늘하게 흘러가며
더위와 갈증을 날려버리던 신기한 우물물
세상이 변해 우물 대신
집집마다 수도가 들어와 폐기된
고향 집 우물

옛집에 들어서면 시커멓게 입을 벌리고
알 수 없는 깊이에서 물을 길어 올리던
두레박이 떠오르고
그 두레박에 넘쳐 떨어지던 물소리가
착하디착한 내 그리운 유년을 불러낸다.

# 옥수수 익어가는 8월

등에 붉은 머리 아기 업고
땀을 뻘뻘 흘리며 8월을 건너간다

삼복 햇살에 수염은 고스러지고
어머니는 여문 옥수수를 골라 꺾어 찌신다

냇가에서 멱 감고 돌아온 동네 아이들
옥수수 냄새 맡고 마당으로 들어와
제 집처럼 평상에 둘러앉는다

바구니에 옥수수 소복이 담아 내주신 어머니
어서 맛나게 먹어라.
아이들은 팔뚝 만한 옥수수 들고 하모니카를 분다

옥수수밭으로 달려가
단 수숫대 잘근잘근 씹어
단물을 쭉쭉 빨며 한바탕 나대더니
더위에 쫓겨 냇가로 나가 물장구친다

〉
8월의 태양에 검게 그을린 아이들
검은 얼굴에 웃는 하얀 이가 예쁘다
일 년 중 가장 무더운 날

젊은 시절 어머니처럼 야윈 옥수숫대가
등에 붉은 머리 아기를 업은 채
어디론가로 가고 있다.

## 어버이날에

카네이션 꽃바구니
묘비 앞에 놓고 눈 감고 기도를 드린다

다리 아픈데 뭐 하러 여기까지 왔냐?
바쁜 일 어찌하고 왔냐?
이제 안 와도 된다
어서 가거라
어머니의 잔소리 귓가에 쟁쟁하다

작년까지만 해도 가슴에 카네이션 달아드렸는데
함께 모여 하룻저녁
알콩달콩 옛이야기 밤새웠는데

길 떠난 어머니께 카네이션 꽃바구니 드리고
묘비 언저리 잡초 뽑으면서
빗돌에 새겨진 이름 석 자 앞에서
어린아이처럼 펑펑 울고 싶다

자주는 못 와도 또 올게요
돌아서서 산에서 내려오며
산언덕 하얀 포도송이 같은 아카시아꽃 향기
엄마가 튀겨 주신 아카시아꽃 튀김이 그리운 날

## 아카시아꽃 피는 오월

보릿고개 시절
어머니가 아카시아꽃 따다
숭얼숭얼 꽃 튀김 튀겨 주시던 고소한 그 맛
까마득한 수십 년 전 일 잊지 못하네

아버지는 벌통을 옮기시고
아카시아꽃 꿀 채취에 바쁜 오월의 하루
눈꽃보다 하얀 꽃 사이로
바람은 살랑 지나고 햇살은 이파리에 앉아
꿀벌들이 윙윙거리는 모습 바라보는 오월 어느 날,

뻐꾹새 뻐꾹뻐꾹
아카시아꽃 숲 오르내리며
무슨 사연으로 슬피 우는가?
뒷산 솔바람은 솔솔 불어오는데
아카시아꽃 휘날리면
청춘의 어디쯤 머문 그 환한 날이
그리워지네.

# 외할아버지

상투 머리에 의관 갖춘 외할아버지
넓은 서당 지어
소학교에 진학하지 못한 학생들과
천자문, 추구 소리를 내어 합독 하시며
낮에는 먹 갈아 글씨 쓰시고
서당에만 들어앉은 무사태평 처사
마당의 곡식들이 소낙비에 젖어도 관심 밖이었다.
어른들 돌아가신 후
외할머니 혼자서 4대 가족 일꾼들 건사하며
만석꾼 집안 살림 맡은 여장부가 되셨다
한량 훈장 둔 외할머니는 복장이 터져
주먹으로 피멍이 들도록 가슴을 쿵쿵 치시며
"당신 하고 싶은 대로 사니 속이 편해 좋으시겠어요" 하면
"말 못하는 벙어리도 날짜 가는 줄은 다 안다오"
평생을 문방사우와 함께하며 학동들 가르친
요즘 같으면 집에서 쫓겨났을 간 큰 선비.

# 놋쇠 요강 2

울 엄니 시집올 때 가마에 태워 혼수품으로 가져왔다는
놋쇠 요강 위에 엄니의 쉬 소리 쨀 쨀 쨀
생시 같아 번쩍 눈을 떠보면 싱크대 수도꼭지 새는 소리
엄니의 환영은 집안에 대못처럼 박혀 있다

하룻밤을 자고 나면 쑥쑥 자라나는 푸성귀처럼
다섯 남매 놋쇠 요강 위에 한 뼘씩 키를 키웠고
반질반질 윤기 내며 윗목에 좌정하고 시간을 풀어놓는다

지푸라기에 고운 모래로 쓱쓱 문질러 닦아 주면
반짝반짝 빛이 나던 놋쇠 요강
현대식 화장실 생기고 제자리에서 밀려나

폐기된 추억 하나
어린 남동생 엿 한가락과 바꾸려다
어머니의 회초리 매서웠다는 놋쇠 요강

늘어났다. 줄었다. 고무줄 같다 엄니의 정신 줄

다시 꺼내와 쭈글쭈글한 대추 씨 같은
엄니 엉덩이 불평 없이 받아주는 놋쇠 요강

박자도 없는 노래에도 잘한다고 박수로 젤 젤 젤
봄날은 간다 웃고 울고 3년을 그렇게 보내고
이제는 재활용도 불가한 버려진 놋쇠 요강
바꿔 먹을 엿장수도 없어 고물상 차지다

엄니의 모습이 아련히 멀어져 간다
떠나신 지 2년 서러움이 중첩되고
놋쇠 요강에 엄니의 쉬 소리 귓가에 맴돈다.

# 3

수숫대

# 수숫대

앉은뱅이 노란 콩밭에
드문드문 서 있는 키다리 수숫대
뜨거운 사막의 선인장처럼
날마다 허우대를 키운다
수수 모가지 조롱조롱한 알맹이 여물어 가고
하얀 속살 밖으로 삐지니
참새 떼 몰려와 수수 알 빼먹고 빨간 수수똥 싸고
훠이훠이 쫓아버려도 겁 없는 참새 떼
몰려갔다 다시 몰려오는 수수밭
산들바람에 무거운 머리만 흔들흔들
하늘이 종일 솜사탕을 만드는 푸른 땡볕 들판
두 골 남짓 심어놓은 콩밭의 수숫대
솜사탕 먹고 싶어 목을 쑥쑥 늘리며 하늘을 향한다.

# 폐비닐, 봉투 같은

가을 끝자락
과수원 배나무 가지에 매달렸던
잎새들이 지고 있다
어디서 날아와 앉았는지
나뭇가지와 드잡이질하는 까만 비닐봉지,
바람을 잔뜩 마시고
가지에 붙잡혀 헛배만 부풀어 신음한다
세찬 바람에도 날아가지 못하고
그저 파르르 파르르 떨며
까맣게 질려 비명을 지르고 있다
귀한 대접을 받고
물건을 담아 귀하게 쓰임을 받았을
까만 비닐봉지,
한때는 누군가의 사랑이었다가
길에 버려진 늙은 개 같은,
나뭇가지에 매달려 바람에 떠는 까만 비닐봉지를
독거 노인 하나가
한참 동안 바라보고 서 있다.

## 늙은 호박

들에서 늙은 호박을 손수레에 실었다
춥지 않게 폭신한 담요 네 겹으로 접어
엉덩이 밑에 받쳐주고 거실에 모셨다

큰 덩이 위에 작은 덩이 겹겹
아기 엉덩이 닮은 골이 진 토실토실한 맷돌 호박
잘 숙성되어라,
주문을 외우며 백제 오층 석탑처럼 쌓았다

봄부터 가을까지 만고풍상 다 겪었으니
겨울엔 집안에서 가족이 되어
썩지 말고 잘 버텨라.
날마다 만져주며 손끝으로 온기를 전했다

동짓날 젤 큰 호박 하나
종자를 받기 위해 칼로 가르는데
탯줄로 뒤엉켜 빈틈이 없이 가득한 뱃속
뼈처럼 하얀 씨앗들이 풍성하다

〉
호박은 늙어야만 제 핏줄을 남기느니
또다시 밭둑에 얼크러져
줄레줄레 새끼들 달고
아이들 유치원에 데리고 가는
어미 모습 선연하다.

## 폭설

아침에 일어나니
눈이, 너무 많이 왔다

남편은 삽을 들고
집 앞 도로까지 걸어 나갈 수 있게
눈을 퍼 올려 샛길을 낸다

아! 아! 마을 이장입니다
간밤에 폭설이 내려 모든 길이
막혀 움직일 수가 없습니다
트랙터 가지고 계신 농가에서는
눈 치우기 작업에
동참해 주시길 부탁드립니다

마을 안길과 도로를 트랙터가
순식간에 길을 뻥 뚫는 좋은 세상에
나의 길은 첩첩산중처럼 막힌
폭설이 내린 푹푹 빠지는 길

잠시 멈췄던 눈이 온 마을을
다시 가둬버리는데

차라리 삼동의 감옥에 갇혀
세상일 모두 잊고 싶은 날.

## 산수화 그리는 달팽이

달팽이 한 마리 등에 집을 짊어지고
유리창에 상형 문자인지 추상화인지
붓을 놀리고 있다
아래로 길을 내며
섬
강
산
들
점 찍어
산수화를 그리고 있다
산수화는 어렵다는데
오래 자화상 하나에 매달려 온 나는
아직도 미완성
우주를 다 품어 산수화를 그린 달팽이는
화선지 여백에 온몸으로 낙관을 찍고 있다.

## 해변 산책

해변 둘레길에 홀로 운동을 나섰다
산등성이에 짙은 안개가 가라앉고
하늘엔 먹구름이 드리운 이른 아침
갑자기 소낙비가 쏟아졌다.
어디 비 피할 곳도 없다
쌀 비를 흠뻑 온몸으로 받으며
긴 해안선을 젖은 채로 걸었다.
갈대숲엔 바닷새들이 비를 피해 앉아 있다
이윽고 비가 그치고
은빛 갈대꽃 위에 햇볕이 비처럼 쏟아진다
바람이 살랑살랑 갈대의 치맛자락을 들치는데
소낙비, 햇볕, 바람에 파도가 출렁이고
고요하던 해안 둘레길이 한참
수런수런 어수선하게 아침 밥상을 차린다.

# 목련 한 그루

홀로 사는 할머니 자식 따라 떠나고
바람만 드나드는 발길 끊긴 집
거미줄 뒤엉킨 빈집 작은방 창문 앞에
하얀 촛불을 밝힌
처녀 적 할머니를 닮은 목련꽃
그렁그렁 눈가에 눈물이 맺혀 있는
훤칠한 목련 나무 어김없이 올봄에도
환한 수많은 촛불 들고 서 있다
오늘은 부활절, 하얀 옷 갈아입고
하나님께 간절하게 기도 드리고
행여 할머니 오시는 길 어두울까봐
촛불 켜고 기다리다가
빈 허물 나무 밑에 수북이 벗어 놓고
다시 오마, 떠나간다.

# 겨울 배추밭에서

얼마나 울어야 눈물이 멈출까,
목이 메이고 숨조차 쉬기 힘들어 눈물로 축이며
함께한 시간들이 슬픔과 절망으로 남는다
폭설에 덮인 공동묘지 봉분처럼 만 평의 겨울 배추밭엔
하얀 수의 입은 배추들이 초상을 기다린다
수확을 포기한 시선은 눈[雪] 머금은 하늘을 향하다가
멍한 눈빛으로 배추밭을 바라본다
가슴은 바늘로 쑤시듯 아픈데 폭설이 내리는 삼동에
꽁꽁 얼어 버린 자식을 품에 안은 어미처럼
속울음은 어깨만 들썩이고
배추밭 떼주검 앞에 눈물이 칼바람이 되어 찌른다
가격 폭락으로 공동묘지 같은 밭을 갈아엎어야 하는,
곧 봄이 올 텐데 마음은 한겨울이다.

# 비 오는 날

창밖에 보슬보슬 빗소리
바람은 하늬바람, 마파람
시집가고 장가가고

철대문은 삐거덕 덜커덩,
양철 지붕은 깨갱깨갱 징징 징
꽹과리 치고 징 치고

빗줄기 오락가락 호랑이 장가가는데
어느새 쨍하고 해가 뜬다

엄마의 부엌엔 프라이팬이 지글지글
아이들은 볼이 빵빵 주전부리
부침개가 구워 나오는 죽죽

젓가락이 분주하게 춤을 춘다
서로서로 한 젓가락 더 먹겠다고
젓가락 싸움이 벌어진다

〉
날씨도 장맛비 오락가락
부지런한 사람 일하기 좋고
게으른 사람 낮잠 자기 좋은 날.

# 애기동백 1

압해도 겨울바람을 맞아야
비로소 깨어나는 애기동백꽃
모든 꽃이 떨어지고 세상이
꽁꽁 얼어서야 피우는 꽃이라니
세한도의 송백松柏처럼
일 년 중 가장 추운 때 잠을 떨치고
붉고 뜨거운 꽃이 피어나면
그 위로 소복하게 내리는 새하얀 하늘의 마음
애기동백의 숨결로 분재 공원은
세례를 받는다.

# 애기동백 2

송공산, 분재 공원에서 아기들이
세한歲寒에 붉고 뜨거운 입김 불어내며
봄을 예고한다
'애기'라는 이름 때문에
어떻게 추위를 견뎌내나, 하는
안쓰러움을 이겨내고 꽃을 피웠다가
한 해의 아침, 떨어내는 꽃.
아, 바늘에 찔린 어머니 손가락에
맺힌 핏방울 같은 애기동백 꽃잎
바라보는 마음이 아프다.

# 폭염

한낮엔 밖에 나갈 엄두가 안 난다

에어컨과 선풍기가
저녁 내내 신열을 앓아
잠시 꺼놓자
온몸은 땀으로 범벅이 된다

욕실에서 찬물 한 바가지 끼얹지만
끈적끈적한 밤은 더디도 간다
몇 날 며칠
불면의 밤을 보내고 나니 머리가 아프고
눈이 침침하다

새벽닭 울음소리 한 박자 늦게 울고
마당가 개는 짖지도 않는다
미각마저 잃어버린 폭염의 나날들,

웬만큼 더워야 살지!

처서 백로가 지난 지가 언제인데
가을은 어디서 늑장을 피우는가.

# 오디 도둑

우리 집 지붕을 훌쩍 넘은 뽕나무 한 그루
옆 마당 장독대를 돌아가면 한자리 턱 차지하고 있다
잎과 함께 피어난 오디가 털벌레처럼 징그러운데
굴뚝새와 비둘기, 까치들이 들락날락 염탐하느라 바쁘다
뽕잎이 무성해지는 동안, 오디도 불긋불긋 여물어 간다
장독에 된장 푸러 가다가 올려다보니
이슬에 젖은 오디가 새까맣게 익었다
오디나무 밑에
그물을 깔아두고 교회에 다녀오고 보니
까맣던 오디나무는 잎새만 푸르고 그물이 어지럽다
외출한 사이 누가 서리를 해갔다
간도 크다, 마당의 오디를 털어가다니
그것도 신성한 주일 대낮에 도둑질이라니
누군가도 날마다 염탐하며 익기를 기다렸을까
오디나무는 입 꾹 다문 채 말이 없다.

## 소쩍새 우는 밤

바람에 휘청거리는 댓잎에 초승달 매달려 흔들거리고
밤새도록 소쩍새는 솥 적다, 솥 적다, 울어도 쌌더구먼
새끼들이 얼마나 많아 솥이 작다 슬피 우는가?

진달래꽃 지천인 소나무 숲에서 뻐꾹새 운다
염치없이 어느 둥지에 알 낳아 넣어두고 안 잊히는가?
꼭 어미 품으로 돌아오라고 신호를 보내는지

초롱초롱한 별빛들 대숲에 떨어지고
한밤중 대숲은 자던 잠을 깨워 멍때리고
연한 바람에도 대나무 가지 흔들거리며
깊어 가는 봄밤 외로워서 운다

바람도 고이 잠들었는데
오늘 밤도 소쩍새 솥 적다 솥 적다 울어대니
뒤란의 대숲도 잠 못 들고 뒤척인다.

# 동백꽃

천사대교 아래 갈매기 멧비둘기 얼어 죽는
혹독한 추위 아랑곳하지 않고, 올해도
눈발 속에 꽃을 피워 내는 저 조선 선비들의 지조.
설경 속 꽃봉오리들 지극한 정신이 그려낸 문인화 한 폭.

된서리 함박눈 맞을수록 견고해진
분재 공원 산골에서 뜨겁게 숨을 내뱉는 꽃들
왜적의 노략질에 맞서
댕강댕강 목을 떨어뜨리며 선혈 낭자한
의병들 닮았다.

목을 곧게 세우고 통째로 툭 떨어뜨리면서도
임금님 계신 북쪽으로 머리를 향하듯
넘치는 기개는 어느 이름도 없는 장수.

입 꾹 다문 채 결기로
나라의 남쪽 끄트머리에서
파도 건너 봄을 불러오고 있다.

# 4

소금꽃

# 소금꽃

바다 정원에 꽃이 핀다
꽃들은 모두 흰 빛이다
바다는 거대한 솥이어서
햇빛 땔감으로 불을 지피고
바람으로 불을 일으켜
일 년 중 가장 무더운 날
뜨거운 가마솥에서
하얀 소금꽃이 피어난다
사람도 이와 같아
세상의 바다에 불과 거친 폭풍을 견디고
온몸에 소금꽃이 피고
짜디짠 꽃의 기운으로
먼 길을 간다.

# 섬

선착장의 아침은 늘 부산하다
새벽을 깨우는 만선의 행렬,
기계 엔진 소리와 갈매기 떼울음으로 수선스럽다
무엇을 더 찾을 것이 있는지
섬들은 늘 그 자리에서
파도에 몸을 씻고 있다
"엄마가 섬 그늘에 굴 따러 가면 아기가 혼자 남아
집을 보다가 바다가 불러주는 자장노래에……."
동요를 외면하는 요즘 아이들
트로트를 부르는 동심을 잃은 시대.
변하는 세상을 지켜보는 섬
그 섬의 품 안에서 우리는 시를 외우고
시화전을 하고 섬을 노래하는데,
늘 그 자리에서 외로운 섬,
나는 어느새 섬이 되어가고 있다.

## 섬은 바다의 가슴에 뿌리를 내린다

뿌리 깊은 나무처럼
제 자리에 붙박혀
파도건 태풍이건 피하지 않는다
이 쓸쓸하고 외로운 힘으로
돛단배처럼 바다를 건너간다

수만 번 태양이 떠올랐다가 지는
지루하고 경이로운 일상에서도
햇살 좋은 날, 잔뜩 흐린 날,
하루에도 몇 번씩
신록의 새싹이 돋고

검푸른 옷을 갈아입고
바다는 섬의 배경이 된다
섬은 바다의 가슴을 더듬으며 뿌리를 내리고,
바다와 하나가 되어 출렁인다.

## 거미줄과 바람


바람이 거미줄에 걸려
빠져나가려 몸부림치자
거미줄이 가문 날 두레박처럼 흔들거리고

바람이 거미줄을 흔들자
거미줄이 바람의 목을 짓누르는
한 판

마침내
바람이 거미줄을 겨우 빠져나가자
거미줄이 출렁거린다

바람을 놓친 노란 각시 거미
낡은 집 리모델링하는 어느 생의 오후
일생 바람처럼
보이지 않는 꿈을 찾아 헤매던 나는
또다시 흠집 난 꿈을
늙은 어부가 그물 손보듯 깁는다.

# 4월

봄비를 맞으며 목련이 피어나고
정원에는 꽃향기가 가득하다

봄비 잦은 4월
곡식은 한 뼘 자라나고
잡초는 두 뼘 자라나니
어머니는 날마다 마늘밭, 양파밭에
호미질하신다

멋쟁이 여인의 긴 손톱 같은 껍질을 벗고
솜털 속에서 하얀 목련꽃이 피어나면

자목련을 유달리 좋아하던 먼 길 떠난 동무
4월이면 목련 꽃차 만들며
내 동무 그리워 눈물이 난다
손 글씨 편지를 써서
목련 꽃잎 하나 붙여 띄워 보낼까나.

# 가을비

며칠째 내렸다 그치기를 반복하는 가을비
태풍에 쓰러진 벼 이삭은 싹이 트고
잘 익은 과일들은 썩어간다
습기 머금은 고목 감나무 등껍질엔 이끼가 푸르다

하늘도 바다도 온통 검은빛, 앞산은 안개만 자욱이
떨어져 깨진 홍시를 접시에 담아 숟가락으로 발라내어
창밖을 바라보며 홍시의 단맛을 음미한다

어두운 날들을 걷어내고
홍시처럼 환한 날을 불러오면 좋겠다
날마다 다디단 날이 오면 좋겠다

한여름 뙤약볕이 그리운 하루
집 앞 과수원을 바라보며
오늘도 햇빛 보기는 글렀다
가을비는 언제 그치려나
한 해 농사는 언제 거둬들이나.

# 물음표 한 시루

시루에 몸 불려 앉혀둔 콩들
무거운 머리를 들며 촉을 틔운다
검은 보자기 밑에서 꿈틀거리며
빽빽한 물음표 한 시루 일어서고 있다
세상 밖이 궁금해
저요, 저요, 대가리 쳐들고 묻는다
세상이 왜 요지경인가요
사과와 대파 값은 왜 이리 요동치는가요.
언제쯤 맘 편히 살 수 있을까요?
참 알 수 없는 세상
상대방의 흠집을 들추며 비방하고
동네 골목 선거 유세 차량 시끄럽게 지나가는데
물음표 한 줌 뽑아 무치고 국을 끓인다
갈수록 어려운 살림살이, 시름 깊어 술로 상한 속
콩나물국 한 사발 쭉 들이마신다.

# 까치 지저귀는 아침

아침잠을 깨우며 소란을 피우는
까치 소리
오늘은 누가 오시려나
유독 까치 소리가 청명하다
한 쌍이 장단 맞춰 울더니 이윽고 떼울음을 운다
과수원 집이라 흔한 풍경이지만
창문을 열고 훠이 훠이 까치 떼를 쫓는다
과수원 꽃과 잎과 햇살, 과수원을 지나던 바람까지도
일제히 일어나 어우러져 춤을 춘다
오늘은 좋은 일이 있을 것 같은 예감
기분이 좋아진 나는 뒷짐을 지고
콧노래 부르며 과수원을 한 바퀴 둘러본다.

# 텃밭

푸릇푸릇한 봄
상추, 아욱, 시금치, 쪽파
좁은 텃밭이 분주하다
봄 채소들 수확하고 나면
여름 열무, 알타리, 얼갈이 배추
울타리 가엔 강낭콩, 호랑이콩 심고
쉴 새 없이 땅을 부려 먹는 농부
손길은 늘 바쁘다
풍성한 식탁을 위하여
햇볕과 비 그리고 바람과 함께
텃밭을 푸르게 하고 있다.

## 배꽃 시화전

과수원 울타리에
걸개 배꽃 시화가 줄줄이 걸린다
문인들의 손길이 바쁘게 움직이고
바닷바람에 나부끼는 배불뚝이 시화 위에
순백의 꽃잎들이 한땀 한땀 수를 놓는다
봄바람이 봄비를 몰고 와
길고 짧은 시어들이 뚝뚝 떨어지고
까치들이 건축 자재를 물어 나르며 집을 짓는다
과수원 앉은뱅이 풀꽃들이 까치발 들고
시를 읽으며 감탄사가 터진다
벌, 나비도 윙윙대며 시를 낭송하고
구경나온 참새 떼가 시를 쪼아 먹는
4월의 분주한 하루가 저물어 간다.

# 대장 민어

어판장 대장 민어 한 마리
지난날 바닷속을 생각한다
생존을 위해 잡아먹고 몸통만 키워온 세월
이제는 모두 소용없는 지난날들
어디로 팔려 갈 것인가?

덩치가 커서 돈이 되는 대장 민어
어판장 남자는 어깨를 으쓱하며 입이 귀에 걸렸고
손님들은 대장 민어 앞에 머문다
대장 민어의 몸뚱어리, 눈은 퀭하니 힘은 점점 빠지는데
가물거리는 희미한 의식 속에서도

화려했던 바닷속을 그리워하며
이제는 끝이야 중얼거리는 듯
송장처럼 덩그러니 어판장에 누워
흥정하는 소리에 귀 기울인다

이놈 참 크기도 하네 열 명은 먹고도 남겠네

침을 삼키며 구경 나온 사람들의 이야기,
그래도 명색이 대장인데
여러 사람의 식량이 된다는 것이
마지막 소망인 듯 체념하며 눈을 감는다.

# 여름 과수원

배밭에 대매미
한낮의 더위를 몰아낼 듯 목청을 높인다
까치는 어제 먹다 남긴 배를 두고
다시 그 옆에 새로운 배에 이빨 자국을 남긴다
저 얄미운 까치 새끼 어쩌면 좋아
순간 과수원의 배들은 긴장한다
사람을 무서워하지 않고 배포가 큰 것이 불량배 같다
잠에서 깨어난 개구리 무서워 팔짝 뛰고
집을 지고 길 떠난 달팽이도
배나무에 올라가면서 그림을 그린다
풀잎들은 바람도 불지 않는데
찜통 같은 더위에 지쳐 낮술에 취한 듯
비틀거리며 드러눕는다.

## 날아가 버린 詩

컴퓨터 화면에
잿빛 나방 한 마리 날아와 앉았다
화장지를 뜯어 나방의 등을 쳐서 잡았다
갑자기 컴퓨터 화면이 캄캄해진다
여태껏 써놓은 시가 보이질 않는다

머리가 컴퓨터처럼 먹통이 되었다
원고 청탁을 받아놓고 차일피일 미루다가
독촉 전화에 겨우 한 편을 썼는데,
속은 부글부글 끓어올라 거품으로 가득하고
꺼지지 않는 울화통에 머리만 아프다

뾰족뾰족 머리끝이 일어서고
시는 다시 날아오지 않았다
불러오기를 눌러도 흔적 없이 날아간 詩.

## 오늘도 컴퓨터를 켠다

마우스를 클릭한다
잠 덜 깬 듯
깜박깜박 눈을 비벼 뜨고
달그락달그락 구두 발자국 소리로
나에게 걸어온다

자음과 모음, 닿소리와 홀소리
한 글자 한 글자 더하고 합치니
바람이 불고 새가 지저귀고
누군가가 노래를 한다

마침내 시가 내게로 온다
오래되어 곧 고물이 될 컴퓨터
차디찬 기계 덩어리와
시를 쓰고 편지를 쓴다

어제 시장에서 쓴 돈도 셈하며
살림을 도맡아 주다가도

어쩌다 성질머리를 부릴까 봐
아이 달래듯 잠시 종료 버튼을 누른다.

## 빈집

바람이 몰고 온 소낙비에
녹슨 대문은 붉은 눈물을 흘러내리고
담쟁이는 돌담장을 타고 오르는데
넓은 마당엔 온갖 잡초밭이다

먼지 수북한 툇마루에 들고양이 발자국
반쯤 헐어져 나간 헛간 담 사이로
대숲이 기웃거리며 바람을 일으키는데
외양간 썩어 가는 구유엔 낙엽이 가득
쇠똥 냄새가 희미하게 올라온다

봄
여름
가을
겨울

계절이 바뀔 때마다 비스듬히 누운 철대문만
빈집의 내력을 기억한다

골목길 따라 드나드는 바람만이
마실 나갔다가 금방이라도 돌아올 것 같은
이 집에 살았던 사람들처럼
함부로 들락날락하고 있다.

# 삼겹살 데이

식탁에 불판
그 옆엔 아버지가 끊어 온 삼겹살 세 근,
텃밭에서 금방 따온 상추, 치커리를 씻고
식탁 양쪽으로 고추, 마늘, 버섯, 쌈장
달궈진 불판에서 삼겹살 냄새가 고소하다
삼겹살 속살이 노릇하게 익어갈 때면
온 집안에 어지러운 맛있는 내음
마침내 온 가족이 볼 미어지게 쌈을 싸는 한나절
시끄럽던 집안에 누에 뽕잎 먹는 것처럼
입 터지는 상추쌈 소리만 들리는
3월 3일은 삼겹살 데이
온 나라가 삼겹살 굽느라 분주하다.

# 5

## 과수원에서 보낸 한 生

## 과수원에서 보낸 한 生

　우리 집 뒤에는 자그마한 과수원이 있다. 우리 내외가 짓는 배 농사의 현장이다. 이곳은 일터이기도 하고, 놀이터이기도 하다. 날마다 바라보면 지겹기도 할 테지만, 그러나 그날그날 달라지는 모습에 즐겁다. 마치 꽃밭에 심은 화초들이 움을 틔우고, 꽃을 피우고, 열매를 맺는 것을 지켜보는 것처럼 그 미세한 변화를 지켜보는 일이 행복하다. 삶도 그러하지 않을까? 하루하루 일상이 아무런 변화가 없는 것처럼 보여도 지나고 나면 흘러가는 강물처럼 제자리에 머물러 있지 않고 그날그날 다른 강물이 흘러가는 것처럼 늘 새로운 것들이 곁에 다가오고 있는 것을 느낀다.
　세상의 이치가 봄·여름·가을·겨울이 있듯이 기승전결의 법칙에 따라 변화하여 완성된다는 것을 나이가 들어가면서 깨닫게 되었다. 그래서 과수원 곁에 살면서 시시때때로 변화하는 계절의 변화를 즐기며 살기로 하였다. 봄이 오기 전, 쌀쌀한 바람이 불어 앙상한 가지만 바람에 흔들려 아무것도 없는 배 밭을 바라보며 나는 우윳빛처럼 뽀얀 배꽃을 떠올리고, 무성한 푸르름이 한창인 여름날을 마음속으로 그려본다. 그리고 탐스럽게 익어가는 열매와 그것을 수확하는 기쁨을 생각한다.

벌써 2월이다. 설이 내일모레여서 과수원은 아직 쌀쌀한 한기가 돈다. 하지만 배나무 등걸을 만지면 나는 뜨거운 피가 도는 것을 알아차린다. 나의 온기와 배나무의 숨결이 만나 우리는 하나가 된다. 이제 웃자란 가지들을 쳐야 한다. 이 신성한 의식은 그동안 나태한 내 정신의 잔가지들을 전지가위로 자르는 행위이기도 하다. 가지를 솎아내고 잔과를 솎아내어야 실한 열매가 맺듯이 나 또한 쓸데없는 욕망의 웃자람을 솎아냄으로써 한 해의 시작인 세한에 스스로를 가다듬는다.

아무런 푸르름이 없어 도저히 열매를 맺을 수 없을 것 같은 한 해의 가장 추운 날 우리 내외는 배나무 밑동 주변에 퇴비를 준다. 그래야만 장차 과수원에 꽃이 필 것이고 푸르름을 지어 벌나비는 물론 새가 날아와 삶의 기쁨을 노래하리라는 것을 잘 안다. 우리 내외 역시 비록 늙어가고 있지만 아직 다 맺지 못한 푸르름과 실한 과실의 결실을 준비하는 마음이어서 여간 행복한 일이 아닐 수 없다. 농부가 불모의 땅에서 풍성한 수확을 얻는 일은 기적이라고 생각하는 까닭이다.

과수원을 바라보면 박화목 선생이 지은 동시에 곡을 붙인 「과수원길」이라는 동요가 입가에 떠돈다. 요즘에는 우리 아이들이 동요를 잘 안 불러 걱정이지만, 한때는 "동구 밖 과수원길 아카시아꽃이 활짝 폈네……."하고 아이 어른 할 것 없이 즐겨 불렀다. 황해도 출신 박화목 선생이 유년에 큰아버지 댁 과수원에서의 추억을 동시로 쓴 이 노래는 우리를 동심으로 돌아가게 하는 매우 서정적인 동요이다. 과수원을 일구면서 이 동요를 떠 올림으로 해서 나는 열 살 안팎의 착하고 천진난만한 어린아이가 된다.

과수원이 환해지는 배꽃 피는 봄이 오면, 우리 과수원은 무릉도원이라도 된 것처럼 환상적인 세상으로 변한다. 달 밝은 밤이면 그 선경이 가관이다. 내가 살았던 세속은 사라지고 선계가 된 듯 우리는 신선이라도 된 듯 마음이 착해진다. 꽃밭으로 변해 버린 과수원이 일으킨 기적이 아닐 수 없다. 바람이 불면 지천으로 날리는 꽃잎들은 눈보라처럼 부드럽고 따스하다.

이렇듯 아름다운 풍경은 하루아침에 만들어지는 것이 아니어서 우리 내외는 허리가 휘어지도록 과수원에 붙어살다시피 온갖 수고로 배나무들을 돌보아야 한다. 무성한 여름이 오고 따가운 햇살은 과일에 단맛으로 스며든다. 인간의 손이 닿지 못하는 곳까지 우리가 볼 수 없는 그분의 손길이 섬세하게 어루만져 주신다. 그러므로 우리는 과수원에 꽃이 피고 다디단 탐스러운 열매가 맺히는 것이 순전히 인간의 노력이 아님을 겸허하게 생각해야 한다.

또다시 과수원에 땡볕의 기운이 스러지고 낙엽이 질 것이다. 그리고 마침내 한 해의 결실인, 우리가 공들인 노력이 풍성하여 오진 마음에 기쁨이 주렁주렁 열릴 것이다. 이때쯤이면 온몸에 젖은 땀을 씻으며 춤을 추고 노래를 부를 일이다. 추수 감사의 기도를 드리며 생의 희열을 마음껏 즐기리라. 그리고 경건하게 무릎을 꿇고 햇빛과 바람과 비에게, 아니 태풍과 벼락에게도 고마운 마음을 드려야 할 것이다. 그것들을 주관하는 그분에게 이 세상에서 가장 선한 언어를 골라 경배 드리는 것을 잊지 않으리라.

한때는 과수원에서 시화전을 열고 시 낭송을 한 적이 있다. 몹쓸 병에 걸린 누군가는 몸에 좋다는 하얀 민들레를 캐기도 하였다. 봄나물을 캐던 때는 어린 소녀처럼 마음이 설레기도 했다.

내 생의 봄·여름·가을이 한창이다. 내 인생의 기승전起承轉도 결結을 향해 달려간다. 내게 가장 먼 길이었고 가장 의미 있는 동행이었던 과수원에 어느덧 황혼 빛이 내리기 시작한다. 평생 과수원 지기의 몸에도 다디단 단맛이 스며들기를 기도하는 마음이다.

- 2024 시와사람 봄호(111호) 수필 부문 신인상 수상작

# 집 한 바퀴 돌면 배가 부르다

우리 집은 온갖 유실수와 꽃에 둘러싸여 있다. 천 평의 대지에 집과 작업 창고가 있고 나머지의 땅엔 넓은 마당과 정원과 텃밭이다. 빙 둘러 석축한 정원엔 분재 소나무 여섯 그루와 애기동백, 목단, 철쭉 등 갖가지 나무와 화초가 자라고 집, 창고 주변 뒤란과 마당 앞엔 사철 꽃을 보고 열매를 따 먹을 수 있는 20여 가지의 유실수가 자란다. 집 안팎에 사철나무나 꽃나무보다는 유실수를 심어 작은 과수원을 만들어 놓았다.

12월 한겨울엔 비파가 하얀 눈 같은 꽃을 피우고 봄이 되면 유실수가 차례로 핀다. 5월에 먼저 앵두가 빨갛게 익고 6월엔 노란 비파와 까만 블루베리가 익고 6월 말과 7월 초엔 네 종류의 자두(피자두, 추희, 풀럼 코트, 먹자두)가 차례대로 익고 7~8월엔 수박, 참외, 토마토가 익는다. 9월엔 포도, 석류와 밤이 10월엔 유자, 사과(부사, 홍로, 메이폴, 아기 사과)와 배(추황, 신고)가 11월엔 모과, 단감(차량, 부유), 대봉, 먹감이 익으니 사시사철 꽃과 과일을 보며 먹을 수 있다.

입이 궁금할 때 집 한 바퀴만 돌면 언제든 싱싱한 과일을 배 부르게 바로 따 먹을 수 있다. 입과 눈이 즐겁고 마음도 즐거우니 이곳이야말로 무릉도원이다.

이런 재미에 농촌에서 산다. 그런 까닭에 도시의 친구들과 지인들이 낭만적이라며 은근히 부러워한다. 이런 호사가 하늘에서 뚝 떨어진 줄 알지만 피와 땀이 범벅이 되고 손발이 저리고 허리와 다리가 쥐가 나도록 힘든 일터이다. 때론 때를 놓쳐 끼니도 거르며 일할 때도 있다. 농사를 망칠 땐 모두 버리고 도시로 나가고 싶은 마음이 굴뚝같을 때도 한두 번이 아니다. 세상엔 공짜가 없다. 봄이면 가지를 쳐주고 거름주기, 텃밭에 씨뿌리기, 모종하기, 잡초 제거로 바쁘게 지내며 병충해는 없는지 새와 벌레에게 물어 뜯기진 않았는지 수시로 점검하고 만져주고 아침마다 눈인사로 사랑으로 키우며 소통한다. 작물은 주인 발걸음 소리 듣고 자란다고 했다. 내 손으로 직접 심고 가꾸어 수확해 먹으니, 건강식품을 먹을 수 있다.

올봄에 잦은 비로 녹아 버린 작물들은 다시 심고 가꾸어 놓으니, 6월로 접어들어 100평의 텃밭에 뜨겁고 가문 날이 연속이라 심어 놓은 옥수수, 수박, 참외, 상추, 가지, 오이, 단호박, 고추, 박, 방울토마토에 이틀 걸러 분수 호스를 깔고 물을 준다.

과수원은 물을 주는 시설이 완성되어서 아예 지하수를 계속 가동 중이다. 날마다 하늘은 파랗고 구름 한 점 보이지 않는다. 행여나 구름이라도 끼어서 흐리기라도 하려나 고개를 쳐들고 하늘을 올려다보지만, 오늘도 눈부신 해는 작물들의 몸뚱이를 태우고 있다.

물을 줘도 목마름만 축여줄 뿐 시들지만 않지, 작물이 모질게 버티며 크지는 못하고 오히려 노랗게 오그라든다. 거기에 얼른 자라라고 남편은 비료를 뿌리고 물을 준다. 그런데 아침에 일어나 보니 상추, 오이, 수박, 참외, 고추가 힘에 겨워 오히려 몇 그루가 비료 때문에 빨갛게 타 죽어가고 있다.

날마다 비 예보는 있는데 우리 지역은 내리지 않는다. 이슬마저도 내리지 않는다. 마침내 토요일에 제주도를 거쳐 서해안 목포 쪽에도 30밀리의 비가 내린다는 예보다. 역시나 토요일 새벽부터 시작하여 반가운 비가 하루 종일 차분하게 추적추적 내렸다. 날이 밝기가 무섭게 우산을 받쳐 들고 집을 한 바퀴 돌았다. 하룻밤 사이 작물들이 너울너울 춤을 추고 밤새 줄기를 뻗어 옥수수는 내 키보다 높이 쑥 올라갔다. 갑자기 생각이 새롭다. 병든 사람에게도 저런 단비 같은 묘약이 있으면 얼마나 좋을까? 새삼 식물들이 부럽다.

내 몸을 망가뜨린 암 덩이도 흔적도 없이 싹 씻어버려 언제 아팠었나 싶게 힘이 생기고 나을 수 있다면 좋겠다.

비료 주고 물 주고 해도 크지 않더니 비가 보배다. 참외와 수박도 오이도 수꽃 암꽃이 피어 나비와 벌들이 날아와 수정

한다. 모든 채소와 야채들이 푸르고 잎은 넓어지고 꽃을 피우고 열매가 맺히기 시작한다. 넝쿨들이 서로 엉켜 힘이 솟아 기싸움하는 와중에 기가 센 단호박은 조용히 땅에 엎드려 기어서 세력을 확장하고 끝이 어딘지 밭 언덕과 담을 넘어 모험에 나선다. 거기에 잡초들도 질세라 영역을 넓히고 있다.

 수확을 앞둔 자두는 얼굴을 활짝 펴고 색깔이 빨갛게 노랗게 참 예쁘게 익는다. 너무 많이 열려 이웃들이 따가고도 남은 비파는 농익어 땅에 몽땅 쏟아 낸다. 가물어도 장마가 와도 농사는 힘들다. 그래도 천직이라 하나님이 맡겨 주셨으니 열심히 노력하고 감사하며 그들과 함께 벗하며 살아가고 싶다.

 오늘은 포도 봉지 40송이를 씌웠다. 올해도 바람과 햇볕과 비를 적당히 내려 주고 풍년 농사짓게 해달라고 기도하며 집 한 바퀴를 돌다가 자두나무 밑에 발길을 멈추고 자두 하나 따서 옷섶에 쓱쓱 문질러 닦아 먹으니 새콤달콤 어찌 그리 맛나던지 순간 내 몸이 건강해진 것 같아 행복한 웃음이 절로 난다.

 장마와 삼복더위도 잘 이겨내고 튼튼하게 자랐으면 좋겠다.

# 한여름 밤의 추억

 장마가 끝이 나고 연일 불덩이를 품은 듯 숨이 막힐 듯이 덥다. 아침저녁으로 일을 하고 한낮엔 집에서 쉬어야 한다. 아침 다섯 시에 식사를 하고 우리 부부는 낫을 들고 과수원으로 나갔다. 긴 장마 끝에 기온이 높으니 배 과수원 밭두렁이 잡초들로 호랑이가 새끼 치게 생겼다.

 우리 부부는 오늘 큰맘 먹고 밭두렁 잡초를 베기로 하였다. 남편은 언덕 밑을 베고 나는 가운데 밭두렁을 베기로 했다. 뱀이라도 나오면 어떡하나 가슴을 조이며 한 줌씩 풀을 베어 모았다. 어디서 바스락 소리만 나도 뱀인가 싶어 깜짝 놀라 등골이 오싹했다.

 한참을 베어가다 뒤를 돌아보니 너무 깔끔하여 헝클어진 내 머리카락을 정리한 듯 기분이 상쾌했다. 풀냄새는 어찌 그리 좋은지 나는 코를 벌름거리며 그 냄새에 더 가까이 다가갔다.

 으음! 이 상큼한 좋은 냄새, 고향의 냄새.

 어릴 적 아버지는 논두렁 밭두렁 풀을 베어 오시면 지게에 작대기 받쳐 놓으시고 한 아름씩 내려 모닥불을 피우셨다. 지푸라기로 아버지가 손수 만든 멍석을 깔고 통대로 만든 평상에 걸터앉은 우리 다섯 남매를 누이고 모기들이 물까 봐 저녁잠을 설치시며 모닥불의 생명을 저녁 내내 이어가셨다.

그 옆에 어머니는 부채로 우리 오 남매의 팔을 크게 벌려 부채질로 모기들을 쫓았다. 그때는 풀 타는 냄새가 맵고 싫다고 짜증을 부렸다.

오늘 밭두렁 풀에선 그때 그 냄새가 나는 것 같아 멀리 가신 아버님이 그립다.

먹을 게 귀해서 밀가루, 죽 한 사발씩 저녁 끼니로 때우고 모닥불에 감자며 완두콩을 구워 아버님이 호호 불어 밤참으로 우리에게 하나씩 나눠 주시던 그 맛도 그립다. 오늘 나도 밭두렁에 베어둔 풀을 모아 경운기에 실었다. 남편은 뭐 하려고 그걸 싣고 가려 하느냐고 묻는다. 나는 오늘 저녁에 쓰려고 그러니 협조 부탁한다고 윙크를 보냈다.

오늘은 저녁에 단 호박죽을 쑤어 먹고 돗자리와 파라솔 의자를 내놓고 모깃불을 피우면서 남편과 차 한잔 나누며 오랜만에 밤하늘의 별도 세어보고 옛 추억에 잠겨볼까나. 텃밭에서 캔 감자랑 고추밭 가에 익어가는 옥수수도 몇 개 따다가 모닥불이 달아오르면 거기에 까맣게 그을린 감자랑 옥수수도 구워 야식으로 먹으며 올여름 추억 하나 그을려 봐야지, 타는 풀냄새 흠뻑 마시며 눈물 콧물도 한 번 쏟아보고….

까만 밤을 뚫고 몰려드는 풀벌레들의 울음소리가 간드러지고 찬밥을 물에 숭숭 말아 된장 발라 뚝 베어 문 풋고추의 독한 맛에 눈물 콧물 흘리며 헉헉 혀를 손 부채질하다가 찬물을 마셔보지만, 얼얼한 혀는 좀처럼 뜨거움을 식히지 못했다.

내 유년의 저녁 밥상 반찬은 된장 한 접시에 고추 몇 개 찬물 한 사발이면 진수성찬이었다. 여름밤 저녁 마당가 감나무 밑 멍석에 앉아 먹는 저녁 식사가 가족의 외식이었다. 또한 모깃불 연기 한 모금으로 다시 맴맴 하며 각자 하루 동안의 일과와 정을 나누는 대화의 장이자 잠자리였다.

식구들 나란히 누워 가슴에 우주를 품고 별을 세면 아버지께서는 18번 레퍼토리 '아~아 으으악새 슬피 우우니 가으을 이인가요~….'를 애달프게 불러주셨다.

나는 그때 아버지의 노래를 들으며 으악새가 날아다니는 새 인줄로만 알았다. 으악새가 갈대라는 걸 한참 후에 커서 알았다. 물론 새라고 주장하는 사람들도 있다.

눈물 콧물 흘리며 그때는 그렇게 무더운 여름밤은 모깃불 연기와 함께 멀리 깊어져 갔다. 오랜만에 우리 부부는 밤이 이슥하도록 이런저런 옛 추억을 회상하며 추억을 쌓았다.

# 방조제 둑에 앉아서

아침 일찍 바닷가 방조제 산책로를 걸어간다. 바다는 물이 빠져나가고 검은 개펄만 넓게 펼쳐져 있다. 칠게는 아침을 먹느라 정신이 없고 짱뚱어는 개펄에서 스르르 스르 미끄럼을 타는 것이 스키 선수 같다.

"짱뚱어, 넌 좋겠다. 진흙팩을 마음껏 할 수 있으니, 개펄에서 뒹굴어도 온몸이 펄투성이가 되어도 나무라는 이 없어 좋겠다." 혼잣말을 했다.

짱뚱어를 보니 새색시 적 생각이 난다. 동네 처녀들 따라서 바다로 농게를 잡으러 갔다. 구멍에 손을 넣어서 잡으면 된다고 시범을 보이며 가르쳐 줬다. 겁도 없이 구멍에 손을 넣었다가 게에게 물렸다. 게가 빨간 집게발로 내 손가락을 물고 놓아주지 않았다. 어찌나 아프던지 개펄에 주저앉아 손을 털며 엉엉 울었다. 그래도 게는 내 손을 놓지 않고 손을 털면 더욱 힘껏 물었다.

같이 간 처녀들은 흩어져 게를 잡느라 정신이 없는데, 나는 게발을 이빨로 물어뜯었다. 손가락에서 붉은 피가 줄줄

흘렀다. 모자 끈을 잘라 손가락을 묶었다.

나는 게를 한 마리도 잡지 못하여 빈 바구니였다. 물이 들자, 동네 처녀들은 게를 한 바구니씩 잡아 갯물에 바구니를 출렁출렁 씻었다.

동네 처녀들은 내 바구니를 보고 박장대소하며 웃었다. "새언니 여태껏 뭐 했어요?" 어이가 없단 표정들이다.

집에 돌아갈 일이 걱정이었다. 다행히 동네 처녀들이 게를 한 주먹씩 모아 주었다. 바구니 밑바닥에 게가 사납게 움직였다. 게 발만 봐도 온몸이 보푸라기처럼 일어났다.

온몸이 개펄 투성이어서 집에 도착하자마자 옷을 갈아입고 빨래했다. 그 모습을 본 시어머니가 밥값은커녕 비누 값도 못했다며 나무라신다. 그때 그 말이 비수처럼 가슴에 꽂혀 지금도 농게만 보면 그때가 생각이 나 가슴이 아프다.

방조제 둑에 앉아 한참을 짱뚱어 뛰노는 모습을 바라보자 옛 생각이 나 피식 웃음을 지었다. 그때도 지금도 나는 개펄에 가는 것이 싫다. 갯것은 모두 사서 먹고 얻어먹는다.

갯펄을 누비는 짱뚱어를 보면서 혼잣말로 "넌 좋겠다. 그렇게 펄 바탕에 뛰어놀고 온몸이 펄 투성이가 되어도 나무라는 시어머니 없어 정말 좋겠다. 네가 부럽구나."

방조제 둑에는 들국화들이 여기저기 앉아 향기를 날린다. 나는 코를 벌름거리고 숨을 크게 쉬며 국화 향기를 들이마신다. 날씨도 맑고 공기도 좋지만, 들국화 향이 참 좋다. 그 옆엔 달맞이꽃이 시들어가고 늦게 핀 꽃송이 몇 개가 앙증맞게 피워 내 눈을 사로잡는다.

둑에 앉아 고개를 이리저리 돌리니 가을 야생화들이 지천으로 피어 있다. 짱뚱어 구경, 야생화 구경하는 동안 물이 밀고 들어온다. 짱뚱어가 물속으로 들어가 보이지 않으니, 야생화나 구경하다 가야겠다.

갈대가 바람에 휘휘 휘파람을 불며 춤을 춘다. 작은 새들이 포로로 포로 숨바꼭질이라도 하는지 허공에 올라갔다 내려갔다 한다. 둘이 부둥켜안기도 하고 즐겁게 행복하게 갈대숲을 누빈다.

## 딸 부잣집 사람들

　우리 집 옆 담 사이를 두고 한 집이 있다. 그 집은 딸만 여섯 명 고종사촌 시숙님 집이고 우리 집은 아들 한 명에 딸이 네 명, 우리 집도 딸 부잣집이다.
　두 집에 딸이 열 명이다. 그리고 마을 체험 센터가 뒤에 있고 마을과는 뚝 떨어진 두 집이 있다. 남도 아닌 고종사촌 관계이다.
　부모들의 나이가 한 살 터울이라 결혼도 한 해에 해서 아이들의 나이도 거의 동갑내기이고 학교도 같은 학교 1년 선후배 아니면 같은 학년에 같은 반이어서 날마다 숙제도 같이 하고 내 집 네 집 없이 마당에서 한길에서 서로 놀이하며 친하게 자랐다. 창고 뒷문을 열고 나가면 한길이고 딸 부잣집 형님네 집이다. 이웃 속에서 어린 시절과 사춘기를 보내며 살았다.
　집을 벗어나 조금 걸어서 5분 거리에 마을 작은 슈퍼가 있고 10분 거리에 초등학교가 있어 아이들은 거의 학교 동창이기도 하다. 배고픈 70~80년대 시절이라 참 고생도 많이

했다.

  그래도 우리 집은 논과 밭이 많아 경제적으로 그리 어렵지 않게 살아서 시골 생활치고는 아쉽지 않게 먹는 거 입히는 거 아이들의 뒷바라지를 해 줬다. 옆집 딸 부잣집은 소농이지만 시숙님이 손재주가 참 좋으시다. 작은 목수 일을 하셔서 남의 집 창고도 지으시고 기계며 전기 같은 고장 수리를 참 잘 하셔서 형님네도 경제적으로는 쪼들리며 살지 않았다. 늘 우리 집은 전기며 기계 수리며 시숙님 도움을 받고 살았다.

  땅이 많아 일이 힘이 들긴 했지만 먹을 건 먹고 사는 편이라서 서로 나눔을 하고 살았다. 참으로 친하고 아까운 거 없이 주고받는 이웃이다.

  두 집안 아이들이 공기놀이, 제기차기, 땅뺏기, 자치기 놀이하다가 말싸움에서 머리끄덩이를 잡고 할퀴는 싸움 끝에 코피가 터지고 얼굴에 손톱자국이 나도 언제나 먼저 자신들의 자식을 나무라던 시절, 지금 같으면 어땠을까? 서로의 자식 편애로 어른 싸움까지 갔을 것이고 이웃끼리 척지고 살지 않았을까 싶다. 부모로서 내 자식을 먼저 나무라며 훈육했지만, 저녁에 잠든 아이를 바라보며 얼굴 손톱자국에 연고를 발라주면서 속이 많이 상하고 마음이 쓰라리기도 했고 조카가 밉기도 하고 속에서 분이 올라왔다. 그쪽 부모도 마찬가지 마음이었으리라 생각하며 마음을 다잡았다.

아이들은 언제 그랬냐는 듯 어제 일을 모두 잊고 학교도 함께 가고 다시 어울리며 놀았다. 색다른 음식이 있으면 담장 너머로 그릇이 건너다니고 감자, 고구마는 물론 색다른 반찬까지 서로 나누는 멀리서 사는 친형제보다 가깝고 친하게 지내는 사이다. 우린 그렇게 서로 배려하며 도우며 항상 즐겁게 살아가는 이웃으로, 먼 친척으로 살았고 지금도 쭈욱 그렇게 살고 있다.

그러다 95년 전업농으로 옆집 시숙님과 같이 밭에 배나무를 심었다. 우리 집은 4,000평의 밭에 배나무 2,000주 밀식 재배를 했고 나무를 심은 지 3년 후 배 수확을 시작으로 해마다 생산량이 늘어나고 배 값이 좋아 경제적으로 앞서갔다. 아이들이 자라서 중학교, 고등학교, 대학교에 가고 돈 들어갈 곳이 많은데 과수원에서 나온 돈으로 딸 부잣집은 목포에 작은 아파트를 하나씩 사서 아이들을 유학 보냈다.

나는 낮이면 일하고 오후 늦게 배를 타고 목포에 아이들 아파트에 가서 자고 아침 챙겨 먹이고 도시락 싸서 학교 보내고 다시 아침에 배 타고 농장으로 돌아와 과수원 일을 하는 반복된 생활을 칠 년을 했다. 그렇게 열심히 가르치고 입히고 먹이고 쪼들림 없게 하는 배나무는 돈나무였다.

그때는 철부선을 타고 압해도에서 목포를 건너다녔다. 이제 두 딸 부잣집도 큰아이부터 막내까지 결혼해서 모두 떠나고 막내들도 불혹의 나이를 맞이했다. 그러는 동안 우리 두 집 사람들은 노인이 되어 갔고 두 내외만 남았다. 그래도 가까이 사는 자식들이 있어 주말이면 왔다 갔다 외롭지 않은 노후 생활을 하고 있다.

지난해 딸 부잣집 다섯째 딸이 외국에서 크게 식당을 하다가 사기를 당하고 친정집에 들어와 늦은 부모님을 도와 농사일을 배우며 임대로 과수 농사를 짓는다. 요즘은 귀농한 청년들을 위해 정부에서 싼 이자로 융자도 해 주고 살길을 마련해주니 도시에서 남의 밑에서 눈치 보며 쪼들리고 사는 것보다 농촌에서도 살만하다. 그 부모들은 다섯째가 아픈 손가락이다. 어려운 살림살이에 대학교에서 가르쳐 결혼시켰는데 농사를 짓는다 하니 안타깝기만 하나 보다.

앞뒷집에서 살면서 살림살이 이것저것 다 쪽 꿰고 사는 사이다 보니 날이라도 궂어 방아를 못 찧어 쌀이 떨어지면 급하게 쌀 한 바가지 빌리러 가도 절대 자존심 상하지 않고 내 것처럼 가져올 수 있는 이웃이 있어 참 좋았다. 세월이 흘러 늙어갈수록 풍족함 없이 살던 옛날이 선명하게 떠올라 눈물샘을 자극해도 그런대로 그날이 그립다.

딸 부잣집 뒤란이 우리 과수원인데 과수원 밭두렁에 심은 호박 넝쿨이 염치없이 그 집 창고 지붕에 올라가 호박을 줄레줄레 달고 자리를 잡아 익어가고 있다. 딸 부잣집 시숙님이 "우리 지붕의 호박은 우리 겁니다." 하며 웃으신다. "네, 따서 잡수세요. 우리 땅에 여는 것만으로도 충분해요." 호박

넝쿨이 우리 이웃의 끈을 이어주고 풍성한 가을을 안겨 준다. 익은 호박을 따다 말려 설에 호박 찰시루떡을 했다며 담 너머로 한판을 나눠 주었다. 덕분에 떡 안 하고 풍족한 설 떡이 생겼다.

설날에 두 집 자녀 모두가 모여드니 딸 부잣집도 우리 집도 자가용이 즐비하여 작은 주차장 같다. 딸 부잣집도 우리 집도 떡국을 한 가마니씩 뽑아오고 설 장만 하느라 맛난 내가 진동한다.

우리 집은 설날에 스물일곱 명이 북적북적 대며 전을 부치고 고기를 굽고 떡국을 끓이고 회며 갈비며 상을 차려 내고 잔칫집을 방불케 했다. 우리 내외와 결혼한 오 남매, 손자, 손녀 여덟 명까지 모두 이십 명, 부모 없는 조카 셋이 결혼하여 손자 세 명까지 더하여 명절을 우리 집으로 지내러 오니 적막했던 시골 마을이 떠들썩하다. 명절 같은 명절을 자식들과 지내고 이제 모두 제자리로 돌아가니 또다시 허전한 적막이 집안 가득하다.

# 전통 장아찌 만들기

강원도에서 지인이 곰치와 산마늘 한 상자씩 보내왔다. 봄날씨처럼 따스한 마음이 풋풋하다. 고맙게도 해마다 잊지 않고 꼭 봄이 되면 보내 준다. 나는 드릴 것도 없는데 은혜만 입고 부담스럽다.

보낸 이의 따스한 마음이 깃든 것들을 어떻게 할 것인가를 생각하다가 장아찌를 담가야겠다고 생각했다. 우선 잘 씻어 물기를 빼고 간장소스를 끓였다.

담근 김에 제철 맞은 풋마늘, 상추, 양파 등 여러 가지 장아찌를 담글 준비를 하고 텃밭에서 뽑아다 다듬고 씻었다.

가끔 집일을 도와주면서 장아찌 담는 법을 배우고 싶어 하던 친구를 불렀다. 너무 좋아 한걸음에 달려왔다. 잠시도 내가 하는 몸짓들에서 눈을 떼지 않고 유심히 보며, 물어보고, 신기해하며 맛을 보고 음~ 역시 맛나네. 이 맛이지, 하면서 손가락을 쪽쪽 빨며 행복해하는 친구의 모습이 귀엽다. 친구를 잘 불렀다는 생각이 들었다.

간장, 식초, 설탕 배수를 맞추고 거기에 맛을 가미할 표고

버섯, 다시마, 양파, 사과 등을 넣어 간장소스를 넉넉히 끓였다. 팔팔 끓여 식혀서 한 김 나간 후에 통에 담아 준비해 둔 재료에 간장소스를 부어 누름돌로 눌러 마감했다. 끝내고 돌아가는 친구에게 오늘 담근 서너 가지, 장아찌를 조금씩 나눠줬다. "고마워. 잘 먹을게." 흐뭇해하면서 고맙다는 인사를 백번쯤 한 것 같다. "아니지, 내가 감사하지! 바쁜 일손 도와줘서 빨리 끝냈으니까" 다음에도 불러주라며 엄지척하며 "전통 음식 명인의 손맛이야 역시 윤장금이야!" 한참 나를 비행기 태우며 수다를 떨다 돌아갔다.

친구가 돌아가고 남은 일을 재촉한다. 감 말랭이는 고추장에 무쳐 담고 겨울에 먹다가 남은 제맛을 잃은 겨울 동치미 무는 건져 반으로 갈라 볕에 빼들빼들 말려서 된장에 쑤셔 넣었다. 여름 반찬 준비를 넉넉하게 하고 나니 어느 부자 부럽지 않다. 갑자기 손님이 와도 반찬 걱정은 하지 않아도 된다. 각종 장아찌에 국만 한 솥 끓이면 진수성찬을 차릴 수가 있으니 든든하다.

장아찌는 간장, 된장, 고추장 속에서 서서히 익어가는 우리의 전통 음식이다. 장아찌는 '장지' 또는 '장과'라고도 하며 무, 오이, 깻잎 등의 채소류와 굴비, 전복 등의 어패류, 김, 파래 등의 해초류를 간장, 된장, 고추장, 젓갈, 식초, 술지게미 등에 담가 독특한 풍미로 입맛을 돋우는 우리나라 전통의

발효 식품이다.

  냉장고가 없던 시절 우리 선조들의 지혜가 깃든 음식이 바로 장아찌다. 오늘날에는 하우스 재배로 사철 계절을 잊고 모든 작물이 흔하게 나오지만, 옛날에는 철이 지나면 없으니, 각종 채소를 간장 된장 고추장 소금(염절임, 당절임, 초절임)에 절여 저장했다가 밥반찬으로 상을 차려냈던 할머니, 어머니들의 지혜가 존경스럽다. 촌스럽고 단순한 장아찌. 하지만 알고 보면 은근히 섬세한 손길이 많이 가는 음식이며 고급스럽고 맛깔스러운 반찬이다.

  건강에 이로운 발효 식품이 주목받으면서 잊혔던 장아찌가 다시 주목받고 있어 반갑다. 고급 음식점일수록 다양하고 귀한 장아찌를 선보이고, 미식가일수록 맛깔스러운 장아찌 맛을 밝히는 시대인 걸 보면 장아찌는 더 이상 가난한 시절의 추억을 향수 하는 반찬이 아닌 듯하다. 한창 채소가 풍성한 때, 다양한 장아찌를 담가 두고 갑자기 손님이 왔을 때 여유롭게 상을 차려내고 찬거리 없을 때, 입맛 없을 때 정말 유용한 밥반찬이다.

  우리의 추억 음식 장아찌는 우리 밥상에서 남녀노소를 불문하고 누구에게나 큰 호응을 얻고 대접받는 건건이 반찬이다. 장아찌만 있으면 맛깔스러운 밥상을 뚝딱 차릴 수 있다. 지루한 장마철이나 무더위로 입맛을 잃었을 때 다양한 장아찌로 소박하지만, 맛깔스러운 밥상을 차려 냈다. 입맛 없는 여름날 달콤하고 뒷맛 개운한, 짭조름한 장아찌 한 접시와 찬물에 만 밥 한 그릇이면 충분히 한 끼 식사 해결. 기름진 고기반찬에도 장아찌가 곁들여진다. 완전식품이다.

엊그제도 세 부부 지인이 배꽃 구경을 와서 집에 있는 반찬으로 함께 점심을 먹었다. 냉동고를 털어 생선 찌고 텃밭에서 시금치 캐서 나물 무치고 갈파래 된장국에 상추며 쑥갓을 뜯고 대패 삼겹살 굽고 작년에 담아 저장해 둔 몇 가지 장아찌를 꺼내니 진수성찬이라며 맛나게들 먹었다. 후식은 엊그제 만든 단호박 식혜와 들깨강정으로 준비했는데 이 집은 후식도 전통이라며 감탄사가 연발이었다. 남자들은 은근히 우리 남편을 부러워하는 눈치다. 이렇게 맛난 음식을 날마다 드시는 분은 무슨 복을 타고났을까? 라며 은근슬쩍 부러운 마음을 드러냈다. 별로 준비한 것도 없는데 잘 먹었다니 기분이 좋았다.

# 망둥이 낚시하던 날

추석 명절을 앞두고 서울에 사는 사촌들이 부모님 산소 벌초를 하러 내려왔다. 오랜만에 사촌 형제들과 조상님들 묘를 둘러보고 우거진 잡초들과 묘 주변의 나무들을 정리하고 나니 개운하다. 점심을 먹고 차를 마시면서 그동안 못다 한 정을 나누며 오랫동안 이야기들을 풀어놓았다. 내려온 김에 며칠을 쉬어갈 거라 했다. 변화된 고향 이곳저곳을 구경하고 동창들과 친구들을 만나며 돌아다녔다. 그리고 휴일에 망둥이 낚시나 가자고 약속했다.

낚싯배를 빌려 낚시하기로 하고 아침 일찍 서둘러 도시락을 싸고 대나무를 잘라 낚싯대를 만들어 낚싯줄을 달고 갯지렁이를 미끼로 준비해 아침에 여섯이서 나룻가로 향했다.

섬으로 시집와 바닷가에 살면서도 낚시해 본 지가 언제인지 기억도 안 난다. 나룻가에 자동차를 주차해 놓고 낚싯배에 도시락, 간식 보따리, 낚싯대를 올려 싣고 배 시동을 걸었다.

날마다 보는 들을 지나 산모퉁이를 돌아가는 끝 산머리 바다가 오늘따라 넓고 신기하고 아름답다. 통통거리는 배를 타고 강을 따라 배를 탄 지 10여 분 만에 망둥이가 많이 잡히는 세 갈래로 갈라진 삼거리 강에 도착했다. 배에 앉아 편하게 낚시할 수 있는 장소다.

물이 빠져나간 개펄에는 굴도 있고 농게, 칠게들이 놀다가 놀라서 구멍으로 쏙 들어가 숨는다. 금방 또 내다보고 들어가더니 말소리가 멈추자 다시 뻘바탕에 나와 두 집게발로 펄을 파먹는 모습이 신기하고 귀여워 한참을 바라보며 사진을 찍었다. 자리를 잡아 대나무에 감은 낚싯줄을 조금 풀고 낚싯바늘에 지렁이 미끼를 끼워 준비를 마치고 낚싯대를 내렸다 움직여 주면서 망둥이를 유인했다. 핸드폰을 꺼내 사진을 찍고 해찰을 피우는 사이 누군가가 낚싯대에 손맛이 왔다고 외친다.

"왔다! 왔구나, 왔어! 드디어 망둥이님이 오셨네! 내가 일등이다."

소리치며 보지도 않고 망둥일 거라 단정을 지었다. 반가워 들뜬 마음으로 낚싯줄을 당겨 감는다. 형제들의 시선이 일제히 그곳으로 모였다.

그런데 가까이 올수록 낚싯줄이 가볍게 뜬다는 느낌, 이게 뭐야 쫄복? 어미 손가락만 한 쫄복이다. 방금까지 들뜬 배 안은 웃음바다다. 미끼만 똑 따먹고 시치미 떼고 죽은 듯이 가만히 있는 쫄복, 다시 지렁이 미끼 끼우고 낚싯줄을 힘껏 던지며 "아나 월척 돔이나 물고 오려무나." 그런데 그동안 나머지 사람의 낚싯줄은 감감무소식이다.

자리를 옮겨볼까? 낚싯줄을 걷어 감고 다른 방향으로 자리를 옮겨 낚싯줄을 던졌다.

한참 후에, 이곳저곳에서 딸랑딸랑 소리가 들려왔다.

큰 거, 작은 거 막 올라온다. 누가 큰 거 잡고 많이 잡나 내기라도 할까?

한참 동안은 낚싯바늘을 넣기가 바쁘게 망둥이가 올라온다. 쌍으로 물고 허리에 바늘이 찔려 올라오기도 한다. "낚시할 맛 나네. 이 손맛을 어디에서 볼 수 있단 말인가?" 가져간 물통이 가득하게 망둥이들이 헤엄을 친다.

형제들은 합창이라도 하듯 감탄사를 연발하며 재미에 즐거운 표정들이 똑같다.

"오늘 물때를 잘 잡아 왔네! 운이 좋은 날이야. 지금 썰물이라 반짝 잡히는 거야. 그리고 한참은 지루하리만치 안 잡힐 거야." 한 시간 정도 그렇게 올라오던 망둥이가 어디로 숨었는지 뜸하게 가끔 올라온다. 쌈박하게 그렇게 낚싯바늘 넣기가 바쁘게 물더니 한참을 담그고 있어도 물지 않는다. 미끼가 갯물에 퉁퉁 불어터져 흐물거린다.

"아 재미없어 왜 이러는 거야. 이곳에 망둥이가 이사 갔나 또 자리를 옮겨 가야 하나?"

이 순간에 점심이나 먹자고 썰물이 되고 강줄기가 깊어질 때를 이용해 가지고 간 도시락을 펼쳤다. 나이 드신 시숙님이 칼과 도마를 내어 망둥이 배를 가르고 바닷물에 씻어 망둥이 회를 떴다. 준비해 간 된장, 고추, 깻잎, 신 열무김치에 망둥이를 싸서 맛나게들 먹는다. 나는 그렇게까지 먹어본 적이 없어 먹지 않았다.

"안 드셔요?" 시숙님이 나를 보고 말을 한다.

"난 회무침이나 끓인 거 외엔 먹어보지 않아서 못 먹겠어요."

"아이고, 이렇게 먹는 게 얼마나 맛있는데 망둥이 맛을 모르시는군요."

모두 입맛을 쩍쩍 다시며 망둥이 판이 벌어졌다.

그렇게 점심을 먹고 나니 물이 들기 시작했다. 물이 초들이 할 때 또 한참 망둥이가 활동하니 잘 잡힌다. 먹던 것들을 한쪽에 주섬주섬 치워 놓고 일제히 다시 낚싯대를 강에 던졌다.

제일 먼저 사촌 형님이 "왔다! 물었다." 하며 낚싯대를 잡아챘다.

"우와 크다 월척이다. 명태만 한 망둥이가 올라왔다. 어디 갔다가 이제 왔니? 반갑다 망둥이야." 하며 낚싯바늘에서 떼어 입맞춤한다.

모두 여기저기서 또 나도 왔어요, 저기서도 나도 왔습니다. 하며 낚싯대를 올렸다. 시숙님이 "난 주꾸미다 여기 주꾸미도 사나 보네." 그렇게 한참을 또 올라오더니 또다시 느긋

해졌다.

이때 내 낚싯대가 흥청거렸다. 손이 찌릿찌릿 안 봐도 큰 놈이었다. 낚싯줄을 잡아당기는데 힘이 센 놈인 거 같다. 따라오는 데 점점 힘이 세다. "이게 뭐람, 장어다!" 난 크게 소리를 쳤다. 손맛 느껴본 나만 안다.

몸통이 콜라병만큼 두꺼운 큰 장어가 배 위에서 난리 블루스를 친다.

모든 낚싯줄을 다 헝클어 버려도 그래도 날뛴다. 나는 무서워 낚싯줄을 놓고 "엄마야 이게 뭐야." 악을 쓰기만 했다. 얼른 날쌘 시동생이 장어를 손으로 제압하고 숨통을 조이며 낚싯바늘을 뺐다. 월척이다. 오늘의 일등이다.

배에서 다 함께 기쁨의 함성을 질렀다. 배 안이 난장판이다. 한참 소란한 가운데 장어를 끝으로 낚싯줄을 감고 모두 헝클어진 낚싯줄을 정리하고 뱃머리를 돌려 집으로 향했다. 하루를 이렇게 맛나고 즐겁게 보내고 집으로 돌아와 남자들은 잡아 온 장어와 망둥이를 손질해서 회를 뜨고 여자들은 텃밭에서 채소를 뜯고 고추를 따와 회를 무치고 탕을 끓이고 이웃들을 불러 망둥이 잔치를 했다. 여럿이 모여 함께 저녁을 맛나게 먹었다.

즐거운 하루였다. 추석 지나고 우리 이웃끼리 날 잡아 한 번 더 가자고 옆집 아저씨가 말씀하셨다. 산들바람이 살랑이는 저녁, 술자리는 초가을 밤과 함께 깊어만 갔다.

# 건강한 노년을 위하여

보건소 주관으로 네 발 걷기 운동을 시작했다.

복룡리 마을 주민 20여 명을 대상으로 보건소에서 운동 업체를 선정해서 일주일에 한 번 오후 한 시에 시작하여 두 시에 끝내는 네 발로 걷기 운동을 3년째 하고 있다. 스틱과 모자를 제공해 주고 용마을 체험센터 운동장에서 체조도 하고 스틱을 의지해서 걷기 운동, 무용 등 여러 가지 체조를 구령에 맞춰 움직인다. 그리고 제자리 걷기, 운동장 열 바퀴 돌기, 동네 한 바퀴 돌기를 하고 전반기 끝날 무렵 한 번씩 밖으로 나가 분재 공원 등산도 가고 함께 모여 간식도 먹으며 운동한다.

올해는 한 가지 더 시작하였는데 실내 운동이다. 목요일은 다른 선생님이 오신다. 한 시간은 요가와 노래에 맞춰 춤도 추고 크게 소리 내어 숫자 세기 크게 웃기 근육 운동 손가락 운동 발동작 등 여러 가지 운동을 한다. 목요일은 실내 운동 금요일은 운동장에서 걷기 운동인데, 모두가 은근히 기다리는 눈치다.

옛날 같으면 농번기라 바빠서 먹고살기 위해 일을 하느라 논밭으로 나가야 할 시간에 모두 건강을 위해 운동이라니 상상도 못할 일이 벌어지고 있다.

농사일은 외국인을 고용하고 모두 운동장에 나와 내 몸을 위해 운동하는 여유가 생겼다.

이뿐만 아니다. 지자체에서 65세 이상 어르신들을 위한 인지놀이 학습으로 '웰빙라이프 행복 드림'이라는 실내 운동을 한다. 손, 발, 머리, 다리, 어깨를 놀리며 근육과 정신, 잔병을 치료하고 뇌경색 심근 경색을 방지하는 근육 운동을 하며 공놀이, 그림 그리기, 숨은그림찾기, 색칠하기, 퍼즐 맞추기, 음식 만들기, 천연 염색 등 일종의 노치원(유치원)을 다닌다. 인생은 신생아, 유아기, 유치원, 초등, 중등, 고등, 대학, 직장, 정년을 마치고 다시 아이들이 되어가는 셈이다.

요즘 시간이 지나가는 줄 모르게 훌쩍 지나간다. 네 발 걷기 운동하랴 춤추랴 그림 그리기, 요가 운동하기, 참 실속 없이 바쁘다. 수업은 방학도 없는 연중 공부이다.

일주일에 두 번, 화·목 오후 두 시 반에 시작하여 네 시 반까지 두 시간씩 중촌 마을 노인당에서 수업 받는다. 열세 명의 노인들이 모였다. 그림 그리기, 색칠하기, 숨은그림찾기를 하는데 나는 다른 사람보다 너무 빨리한다고 선생님께서 모든 학생은 도화지 한 장씩인데 나는 언제나 세 장씩 주신다. 그래도 다른 학생보다 빨리 끝내니 선생님은 누워서 한숨 자라고 한다.

다음부터는 다 똑같은 그림이고 숨은그림찾기인데 나만 다른 그림과 숨은그림찾기를 주신다. 두 단계 더 높은 어려운 거란다.

다음부터는 학생들과 균형을 맞춰야겠다고 생각하고 일부러 천천히 놀면서 해야겠다고 생각했다. 그런데 공부에 몰두하다 보면 그게 안 되어서 또 빨리 끝을 맺는다.

일등상으로 놀이 공을 받아 나는 아침 일찍 일어나 달걀과 밀가루로 반죽하여 전기밥솥 카스테라를 만들고 호박 식혜와 함께 가지고 갔다. 모두가 입이 즐거우니 좋아했다. 오늘은 공부할 맛이 난다며 열심히들 책상 앞에서 예쁘게 색칠한다.

요즘은 날씨가 너무 더워져서 이제 삼복더위 끝내고 다시 하기로 하였다. 다음 날은 네 발로 걷기 운동 전반기가 끝나 쫑파티를 하는 날이다. 서로서로 한 가지씩 음식을 만들어 와서 다 같이 용마을 체험센터 무대에서 삼겹살 파티를 하기로 했다. 간식비 갹출한 금액에서 남은 것으로 삼겹살 사고 다른 반찬들은 각자 알아서 후원하기로 했다. 나는 찰밥 한 솥과 배추 새 김치 담그고, 고추부각, 감말랭이 장아찌, 박나물, 고추장, 고추젓 무침, 호박 식혜를 준비했다. 다른 사람들은 상추며 마늘, 양파, 장아찌, 불판, 가스레인지, 생수, 화장지, 접시, 컵을 제공했다.

고추장은 이번에 대한민국 4대 장류 발효 경연 대회에서 금상을 받은 마늘 고추장을 한 통 가져갔다. 모두 축하 박수를 쳐주어 기분이 좋았다. 경연 대회에서 연속 3년(22년 고추장 부문 최우수상, 23년 된장 부문 금상, 24년 고추장 부문 금상) 을 수상하였다.

두 분 선생님께서는 수박을 들고 나타나셨다. 맛난 점심에 후식으로 호박 식혜와 수박까지 맛있게 먹고 20여 명이 배불리 먹고도 음식이 많이 남아 젊은이들이 나눠 싸 가고 마지막으로 운동장 열 바퀴 네 발로 걷기 운동으로 마무리하였다.

인생은 네 발로 걷다가 다시 네 발로 걷는다는 것을 실감하는 요즘이다.

건강한 노년을 보내고 있어 몸도 마음도 가벼운 나날을 보내고 있다.

# 천사의 섬 신안 문학 기행

21년 4월 11일 이른 아침, 바다 냄새 물씬 풍기는 아침 공기를 마시며 읍사무소 주차장에서 회원들이 모였다. 박선우 회장을 비롯해 이경애, 박성금, 지인 1인과 그리고 나까지 5명의 문인이 한 차에 타고 천사대교를 건넜다.

문학 불모지인 신안에서 문학 기행이란 문구의 의미가 맞지 않는 것이 사실이다. 안타깝게도 22개 시·군 중 우리 신안군에만 문화 예술 회관이 없다. 그럴 뿐만 아니라 신안엔 문학 기행 할 만한 곳이 변변치 않다.

하지만 우리는 변해가는 우리 신안 14개 읍면의 축제장이며 가볼 만한 섬을 차근차근 답사하기로 했다. 천사대교 건너 암태, 자은, 팔금, 안좌 4개 섬을 차차 가보기로 했다.

푸른 바다 위를 가로지르는 다리를 건너 맨 먼저 자은도에 도착하였다. 자은도는 임진왜란 때 명나라 장군 이여송을 따라 참전했던 두서춘이라는 사람이 반역자로 몰리면서 이곳 섬까지 들어오게 되었단다. 지형, 지세에 모난 곳이 없고 사람들의 인심이 좋고 온후하여 자신의 생명을 보존하게 됨을

훗날 이에 대한 기억으로 이곳 주민들이 안전하게 지켜주어 난세에도 생명을 보존하게 됨을 주민들의 은혜에 감사하며 이를 못 잊는다고 하여 자은도라 유래 되었다고 한다.

먼저 무한의 다리 바닷가를 한 바퀴 돌았다. 다음 장소는 백길해수욕장 소나무 숲에 가서 무료 음이온을 맘껏 마시고 하늘을 닮은 수평선을 바라보면서 철부지 마냥 백사장을 뛰며 사진을 찍었다. 아직 해수욕장은 때가 일러 인적이 없어 산도 들도 백사장도 모두 우리 차지였다.

다음으로는 다리로 연결된 안좌로 달려가서 김환기 화백의 생가를 둘러보았다. 색칠하고 문자를 사용할 뿐 문학이든 미술이든 모두 자랑스러운 우리 신안의 것인데 무엇을 가리겠는가. 탄생 100주년이라며 간단한 집수리를 하고 있었다. 몇 년이 걸릴 진 몰라도 풍광 좋은 곳에 그의 전시관을 짓는다 한다. 하루빨리 전시관에서 한국 추상 미술의 선구자인 그의 작품을 보고 싶다.

생가에서 나와 퍼플교로 갔다. 두리 마을에서 반월도와 박지도를 연결하는 바다를 가로질러 저쪽 끝까지 보라색 목교로 연결되어 있다. 다리 중간쯤에 자리를 잡아 짐을 풀고, 잠시 휴식하며 신록의 계절 갯바람 산들거리는 수평선으로 이어지는 섬들을 바라보며 수평선 노래도 합창하고 행복한 나비 같은 소녀들이 되었다. 마을 안은 온통 보랏빛이었다. 지붕도 보라, 꽃들도 보라, 우스갯소리로 마을 주민들 속옷까지도 보라라는 전설 같은 이야기가 흐른다.

안좌도, 박지도, 반월도를 이어주는
천사의 다리 밑에
칠게, 꽃게들이 놀고
마늘, 양파 밭고랑에 쏟아지는
늦은 봄의 햇빛은 바다를 닮아 푸른빛이다
청잣빛 물너울을 건너 안좌 읍동 사거리에 들어서면
추상화의 대가 김환기 화백의 생가가 보이는데
돌계단을 따라 올라가니
화가의 유년을 복원하는 공사가 한창이다
정자 문 앞에 걸린 김환기의 초상화 속에서
오랜 세월 동안 대처를 떠돌던 김환기가
안식을 위해 고향 집에 돌아와
방명록과 바람에 뒤척이는
집필 묵을 내민다
평화롭고 다정한 화가의 얼굴에
저물어 가는 노을이 한잔 걸친 듯
비틀거리며 배경이 되어주는데
고향 집에 돌아온 화가는 노을과
마주 앉아 주거니 받거니
맨드라미 꽃같이 붉은
저녁노을에 취하고 있다.
　　　　- 윤인자, 「스토리가 있는 섬 신안 島 -안좌도」 전문

돌아오는 길 다시 차를 돌려 팔금도 유채길 유혹을 뿌리치지 못하고 도로 가에 차를 세웠다. 유채밭에 들어가 풍경도 찍고 독사진 합사진 찰칵찰칵 카메라를 눌러댔다.

길가 정자에서 도시락 가방을 풀고 서로가 싸 온 점심을 차리고 보니 진수성찬이다. 금강산도 식후경이라고 든든하게 먹고 커피까지 한 잔씩 마시고 나니 자유 부인이 부러울 게 없다.

팔금도는 양성 이씨가 들어와 마을을 형성하였다는데, 팔금도라는 이름은 8마리 새의 형상을 지닌 섬이라 하여 팔금도라 유래되었다고 한다. 네 개의 섬 중 가장 작은 섬이다.

마지막으로 암태도에 들렸다. 암태도는 돌이 많고 바위가 병풍처럼 둘러 붙여진 이름이다.

일제 강점기 암태도 소작 쟁의 운동은 암태도 사람들의 민족의식 고취에 많은 영향을 준 사건이다.

기동리 삼거리 담벼락에 있는 할아버지 할머니 벽화 앞에서 포즈도 취하고 함께 사진을 찍고 하루해가 뉘엿뉘엿 저물어 가니 조금은 빨리 움직여 에로스 서각 박물관으로 향했다. 암태 동초등학교 폐교를 이용한 박물관으로 프롤로그, 서각, 사랑, 명인, 이색 성 문학관이 있다.

애들은 가라! 청소년은 출입 금지다.

정배균 명인의 작품이 전시되어 있고 성을 주제로 제작된 행위 예술 각 작품과 수석들이 볼거리다. 전문 지식이 없는 필자는 신기하기만 할 뿐이다.

 이색 성 문학관은 갖가지 성과 관련된 작품들이 전시된 은밀한 공간이기도 하다. 직접 방문하면 구경할 만한 곳으로 강력히 추천한다.

 우리 신안에도 멀리는 수도권과 여러 중소도시, 가깝게는 목포에서 활동하는 출향 문인들과 귀향 문인들이 활동하고 있으며 지역에서 한국문인협회 신안지부를 만들어 문학의 수준을 높이고 군민의 삶의 질을 향상시키고자 열심히 활동하는데 관에서는 별 관심을 갖지 않는 것이 안타깝다. 지자체마다 자기 지역 문학인을 찾아 포장하는 시대인데 신안에서만은 아직도 강 건너 불구경이다. 문화 예술에 투자하는 것이 길바닥에 시멘트 바르고, 다리 놓고 하는 것처럼 금방 눈에 보이는 사업이 아니기 때문에 투자 순위에서 밀려나는 것이려니 생각된다. 그러나 선진국의 잣대가 문화 예술의 수준이라는 것을 관에서도 빨리 깨닫고 한국문인협회 신안지부와 예술인들에게 더 많은 관심을 가져 줬으면 한다. 문화 행사도 함께 더불어 준비하고 행사 때면 시화전이나 사진전이 포함된다면 행사나 축제장이 한 어울림이 되지 않을까 하는 필자의 생각이다.

 21세기는 속도와 문화이다. 속도와 문화를 공유하지 못하면 소통 부재라는 현실에 부딪힌다. 작금의 시대는 스마트 혁명 시대를 맞아 손안에서 세상을 보고 읽는 시대로 속도와 문화에 빠르게 대응해야만 살아갈 수 있다는 현실이 조금은 씁쓸하다. 어제와 오늘이 현저히 다르게 지나간다.

신안 팔금 출생으로 2010년 타계한 최하림 시인을 기리는 문학관이나 기념관을 더 늦지 않게 챙겨야 할 것이다. 그는 한국시 문학 발전에 커다란 족적을 남긴 신안 출신 시인이다. 그의 시를 한 편 옮겨본다.

> 밀면 돌멩이 되어
> 가는 불빛에도 흔들릴
> 石佛로나 돌아가 웃을까?
> 동서로 떠돌며 노래 부를까?
> 나는 詩 써서 시인이 되고 싶었지만
> 오늘은 느티나무 아래서 시들을 모아
> 불태우네. 점점이 날아가는 새들과
> 아직은 체온이 남은 기억들 그리고
> 지평선에 떠도는 그림자들
> 나는 詩 써서 시인이 되고 싶었건만…….
> - 최하림 「詩를 태우며」 전문

작가는 스스로 작품이 아직도 성에 차지 않는 듯 느껴지는 문학에 대한 그의 열정을 엿볼 수 있다.

그의 문학에 대해서 평하는 사람들을 보면 목포 출생 혹은 신안에서 태어나 목포에서 성장한 시인 정도로 소개하고 있다. 그는 이력에서 '신안 팔금도' 출생이라고 왜 자랑스럽게 이야기하지 않았는지 궁금하다.

詩란 무엇일까?

문학이란 그 실체가 눈에 보이는 것도 손에 잡히는 그것도 아니다.

최하림 시인은 시를 가리켜 '가을과 같은 것'이라고 말했다.

많은 시인은 시를 가리켜 '영혼의 목소리'라고 말한 이도 있고 '빈방에 꽂히는 햇빛' 그리고 '내 몸과 정신에서 도저히 그대로 머물 수 없는 비명과 명상이 세상 밖으로 비집고 나오는 것'이라고 말한 이도 있다.

우리 신안은 문학의 갈 길이 험난하고 멀기만 하다. 지금 신안은 섬과 섬을 잇는 연도교 공사가 한창이다. 넉넉잡아 3년쯤 후에는 배를 타지 않고 바다 한가운데를 자동차로 달려 문학 기행을 할 것 같다.

돌아오는 길 느닷없이 윤동주 시인의 서시가 생각난다. 생전에 온전한 시와 에세이집을 내지 못하고 외롭게 일본의 교도 감옥에서 죽어간 청년 시인.

> 죽는 날까지 하늘을 우러러
> 한 점 부끄럼이 없기를,
> 잎 새에 이는 바람에도
> 나는 괴로워했다.
> 별을 노래하는 마음으로
> 모든 죽어 가는 것을 사랑해야지.

# 하늘나라에 계신 어머님께

오늘은 어머님께 예쁜 분홍 꽃 편지지에 손 편지를 한 통 써서 가족사진과 함께 종이비행기로 접어 하늘나라로 날려 보낸다.

"어머님! 큰딸 인자에요.

그동안 행복하게 아버님 곁에서 잘 지내시나요?

오늘은 어머님이 하늘나라로 소풍 떠나신 지 2주기네요."

우리 다섯 남매 한자리에 모여서 어머님을 추모하며 옛날 이야기들로 시간을 보내고 있답니다. 어머님과 각자의 추억을 이야기하며 사랑받고 칭찬받던 일, 지앙 치고 꾸중을 듣고 회초리 맞던 일 등을 서로 이야기하며 사고쟁이 둘째 아들 "난 참 어머니 속 많이도 썩여서 매도 많이 맞았지." 하며 울다가 웃다가 맛난 음식 차려놓고 맥주도 한 잔 하면서 그동안 서로 못다 한 정 나누며 어머님을 그리워하며 어머님이 해주시던 붕어찜과 찔레꽃 백설기 시루떡도 한 시루 쪘답니다.

그런데 어머님이 해주시던 그 맛이 나지 않아요. 어머님

솜씨 닮아 음식 잘 한다고 칭찬 받고 살아온 나도 손맛이 다른지 그 맛을 낼 수가 없네요.

어머니, 하늘나라 구경은 잘하고 계시는가요? 거기서는 치매 같은 건 싹 지워버리고 건강하게 아버님과 우리 다섯 남매와 손자 손녀 또 증손자 손녀들 내려다보시며 늘 기억해 주시고 지켜주시고 모든 일들이 형통할 수 있게 도와주시고 우리 자손들 모두 건강할 수 있게 기도해 주세요.

이번에 부모 없는 어린 3남매, 내 손으로 키워 조카딸 둘 먼저 시집 보내고 5월 3일 막내아들 조카 혼주석에 앉아 장가를 보냈습니다. 이제 마지막 큰일을 치르고 나니 홀가분하기도 하고 마음이 슬프기도 합니다. 우리 자식 다섯 남매 조카들 3남매 고만고만한 것들 8남매를 잘 키워 모두 짝 맞춰 주고 나서 혼자 앉아 생각하니 어머님의 큰딸 인자는 대단한 것 같아요. 결혼식에 모두 모인 김에 우리 가족사진도 찍었답니다.

막내 조카가 그동안 키워주셔서 고맙다고 가족사진 선물을 예약해 주어서 예식이 끝나고 예식장에서 사진 촬영을 했답니다.

우리 부부와 자녀 5남매 부부 손자 3명 손녀 5명 등 모두 20명의 자리 배치를 하고 나니 참 옹골졌어요. 결혼식에 모인 하객들의 부러움 속에서 모두가 다복한 가정이라고 덕담도 해주어서 흐뭇했답니다.

하객들의 축하 속에 결혼식과 가족사진이 또한 행복이었습니다.
　한 달 정도 걸린다더니 이번에 액자에 넣어 거실 벽에 걸고 보니 거실이 환하게 잘 어울리고 참 보기도 좋고 옹골지고 행복해서 날마다 쳐다보며 힘이 절로 납니다.
　이 편지에 가족사진 한 장 넣어 종이비행기로 접어 어머님께 날려 보낼게요. 꼭 받아 보시고 꿈속에서 만나 답장 주세요.
　그리고 언제나 건강하게 아버님 손 꼭 잡고 소풍 즐기시며 영원히 행복하세요.

이승에서 큰딸 드림<br>
2025년 6월 9일

# 수혈

3일 동안 죽을 만큼 아팠다. 아니 숨만 안 끊어졌지 산송장이었다. 온몸이 움직일 수 없고 어깨뼈와 여기저기 허리 통증도 심했다. 기운이 가라앉고 그저 동작 그만이었다. 입맛이 없어 먹을 수도 없고 힘이 없어 움직일 수도 없다. 그저 숨만 쉬는 산송장이 되었다. 그냥 연체동물이 되어 침대 위에 널브러져 있었다.

다음 날 병원 예약 날이라 아들의 차를 타고 화순병원으로 달렸다.

4년 전 혈액암(다발성골수종) 선고를 받고 치료 중이다.

혈액암 3기, 3년에서 길면 5년 선고를 받고 꾸준히 치료 중이다. 입원하고 항암 치료 39번과 방사선 치료를 5번 했다. "요즘은 과학이 발달하고 의술이 좋아지고 좋은 약들이 만들어져 나오니 생존율이 높아져 7년, 10년 사는 사람들이 많아요." 담당 교수님이 용기 잃지 말라며 함께 힘을 모아 치료하자고 용기를 주셨다.

지금도 한 달에 한 번 소변과 채혈 검사를 하러 화순병원에 간다. 오늘도 예약 두 시간 전에 가서 채혈과 소변 검사를 해놓고 기다린다. 두 시간이 지나니 교수님 면담 시간이다.

무슨 결과가 나오려나, 교수님 입만 바라본다. 교수님 머뭇거리시더니 "재발했습니다."

내 예상이 맞았다. 저번에 한 달간 기운이 가라앉고 뼈 통증이 심했다. 재발한 거 아닌가? 의심을 했었다. 담당 교수님이 먹던 항암 약을 바꿔보자고 하신다.

한 단계 더 독한 약은 보험이 안 되는 항암제라 비싸기도 하다.

백혈구, 적혈구, 혈소판이 정상이 아니고 엠 단백이 올라가 빈혈이 심하니 수혈하고 가란다. 처방전을 받고 주사실로 올라갔다.

접수하고 간호사 선생님이 이름, 생년월일, 혈액형을 묻더니 기다리라 한다. 붉은 피가 처방되어 나와야 한다고 하여 기다리는 동안 체온을 재고 빈혈 촉진제를 맞고 한참을 기다려도 내 이름을 부르지 않았다.

'아! 병원 한번 오면 하루해가 다 간다.'

기다리는 시간은 왜 그리 긴지 피곤하고 연신 하품만 나온다. 의자에서 일어나 허리를 움직이며 자리 운동을 하며 전광판을 보니 아직도 내 이름 앞에 다섯 사람의 이름이 올라가 있다. 한참을 더 기다리니 "혈액내과 윤인자 씨 5호실 1

번 침대로 오세요." 간호사의 호출 방송이 주사실을 울렸다.

혈액 500cc 두 개를 맞아야 한다고 하면서 링거 줄을 걸고 부작용 방지 주사를 링거 줄에 먼저 투입한다. 링거 줄을 타고 남의 붉은 피가 내 몸속으로 핏줄을 따라 들어간다.

피가 주입되면서 온몸이 차가워지는 느낌이 들며 스멀스멀 혈관을 흐른다. 참 기분이 이상하다. 처음도 아니고 여러 번 수혈했지만, 할 때마다 드는 야릇한 기분, 그렇게 똑똑 떨어지는 붉은 액체를 바라보고 있는데 간호사가 "수혈하는 동안 몸이 가렵거나 다른 증상이 있으면 바로 말씀하세요." 주의를 주고 간다.

500cc 한 봉지가 끝나갈 무렵 기운이 나는 듯하다.

옛날에 기름이 떨어지며 꺼져가는 등잔불 심지에 기름을 부으면 즉시 환하게 살아나는 그런 반응이다. 온몸이 시원하면서 연체동물에 뼈가 생기는 듯 다리와 팔에 힘이 생긴다. '어떤 사람의 피일까?' 궁금하면서 감사와 고마움이 마음속으로 붉게 번진다.

# 바랑

 우리 동네 어부 할아버지가 대나무로 엮어 손수 만든 바랑 지고 아침 일찍 그물 털러 가신다. 바닷물이 파도를 몰고 빠져나가고 동네 앞 검은 갯벌이 등을 내밀면 갯가에 대나무 말뚝을 의지한 촘촘한 삼마이 그물이 드러난다.

 밤새 삼마이 그물에 걸려 파닥이며 빠져나가려 안간힘을 쓰다 지쳐 그물에 코가 꿰인 숭어 망둥이 낙지를 잡아 바랑에 무겁게 담고 콧노래 부르며 휘휘 가쁜 숨 몰아쉬며 갯벌을 빠져나오신다.

 집에 돌아가는 길에 우리 집 먼저 들러 숭어 몇 마리 망둥이 몇 마리 수돗가에 내려놓고 가신다

 "할아버지, 파셔야죠?"

 가져가라고 해도 막무가내 내려놓으신다.

 오늘 잡은 건 나눔하고 이웃들 불러 생선 잔치하신다며 그저 기분이 좋으시다. 나는 막걸리 한 잔을 따라 드렸다.

 숭어회 뜨고 매운탕 끓이고 신김치에 망둥이 회무침 하겠다고 하신다. 대바랑은 할아버지 재산 목록 1호이자 가족의

생명줄이었다.

바랑엔 세월의 흔적이 덕지덕지 묻어 있다. 구멍 난 곳에 헝겊을 덧대 헌옷 깁듯이 여기저기 바늘로 시침하듯 가는 철사로 이곳저곳 기워 네모난 헝겊들이 붙어 있다. 무늬를 놓듯이 검정 헝겊, 흰 헝겊 또는 삼베 헝겊, 양말목까지 사용하셨다.

대나무 바랑이 점점 천으로 만든 바랑으로 변해가고 있다. 바랑도 할아버지와 함께 나이 들어 늙어가고 긴 세월의 흔적이 여기저기 납작납작 붙어 있다.

비가 오나 눈이 오나 사시사철 비옷에 긴 장화 벗을 날이 없으시다.

저녁 물 보러 나가신다고 비옷도 장화도 벗지 않으시고 마을 앞 정자에서 동네 식구들과 한잔 하시며 바다가 고맙다고 언제나 바다에 도착하면 제일 먼저 잊지 않고 기도하신단다.

때론 소주 한 병에 새우깡 한 봉지 놓고 고사를 지내시고 밑천도 없이 그저 생선을 내어 주시니 고마울 따름이다.

재산 땡전 한 푼 받지 못하고 빚만 잔뜩 남기고 가신 부모님을 원망하지 않고 빚 모두 갚으며 7남매를 먹이고, 입히고, 가르치고, 아쉽지 않은 용돈에 바다가 해냈다고 거저 주신 대로 잡았다. 수협에 갖다 팔고 때로는 이웃들과 나누며 평생을 바다에 살아온 얘기를 얼큰하게 취해 풀어 놓으신다.

지금은 세상이 좋아져 수협에서 위판 하니 판로는 참 쉬워

졌다. 싸면 싼 대로 비싸면 비싼 대로 그날그날 돈이 통장에 들어온다.

옛날엔 바지게에 담아지고 어머니는 함지박 머리에 이고 오일장이나 이웃 동네로 부부가 몇십 리 길을 걸어 "생선 사세요." 목청 높여 외치며 팔러 다니셨다고, 세상이 조금 좋아져 손수레 한 대를 사서 할아버지는 끌고 할머니는 뒤에서 밀며 산 너머 동네 언덕길을 넘나들며 생선 장수 하던 시절 외상도 많아 못 받은 돈도 수십만 원, 지금도 그 외상값 못 받은 장부가 남아있다 하셨다. 팔다가 못 팔면 이웃과 나누고 그래도 많을 땐 소금에 절여 말렸다가 말린 생선으로 보관하며 팔았다 하셨다.

옛날엔 참 생선이 많이도 잡혔지, 그때를 회상하시며 어부 할아버지의 전설 같은 옛날 생선 장수 이야기와 정자에 생선 비린내가 동네 골목으로 피어 나가니 마을 안에 개, 고양이들도 입맛 다시며 모두 모여드는 푸짐한 동네 잔치가 벌어졌다.

# 사우나, 세신사의 진단

내일은 기술 센터에서 정보화 교육이 있는 날이다. 아침 일찍 사우나에 다녀와서 교육 받으러 가자고 한동네 사는 세 여인은 약속을 정했다. 음식을 잘하는 장금 여사, 빼빼로 순둥이 여사, 부잣집 맏며느리 뚱보 여사 셋 중 뚱보 여사가 기사다.

동네에서 30분 거리에 목포 ○○사우나가 있다. 코로나 이후 얼마만의 사우나인가 본전을 뽑아 보자 굳게 마음먹었다.

자고 있는 삼식 씨 아침을 챙겨 놓고 사우나에 도착하니 사람들이 꽤 많았다. 벌써 사우나를 끝내고 나오는 부지런한 사람도 보였다. 셋의 목욕비와 세신 비를 장금 여사가 내고 세신 예약 번호와 열쇠를 받아 들고 여자 탈의실 앞으로 갔다. 홀라당 허물을 벗어 던지듯 옷을 옷장에 걸어 두고 목욕탕 네모난 거울 앞에 셋이 나란히 섰다.

먼저 거품 수건에 목욕 비누를 비벼 거품을 낸 다음 온몸을 구석구석 문질렀다. 목부터 시작하여 오른쪽, 왼쪽, 손등, 발등까지 코스로 차례대로 전신을 비누 거품으로 뒤덮었다.

비눗방울 놀이를 한참 한 후 손바닥으로 벽에 둥근 쇠 부분을 꾹 누르니 샤워기에서 소나기 같은 물줄기가 쫘 쏟아지며 개구리알 같은 비누 거품들이 뭉텅뭉텅 아래로 밀려 하수구 구멍으로 빠져나간다.

벌써 여럿이 몰려다니던 사우나 팀 아주머니들 대여섯 명이 가장 큰 탕 하나를 점령하고 앉아 수다 삼매경이어서 그 탕은 근접하기가 좀 이상했다. 아니 들어갈 수도 없다. 전세라도 낸 듯 텃세를 해서 언젠가 한 번 들어갔다가 얼굴 붉히며 안 좋은 일이 있었다.

가족들 아침은 챙겨 주고 와서 저리 떠들고 자기 집 거실처럼 편한 자세로 둘러앉아 얘기꽃을 피우는지 세상 참 좋다. 여자들 세상이야 몸에 때를 씻으러 왔는지 마음의 때를 벗어던지러 왔는지 회포를 목욕탕에서 푸는 건지 목욕탕이 시끌벅적 그 대여섯 명 아짐씨의 쨍쨍한 목소리와 물소리뿐이다.

우리 셋 중 맨 먼저 순둥이 여사가 사람이 적은 미온수 탕으로 쑥 들어가고 다음은 뚱보 여사가 뜨거운 온탕으로 쑥 들어가니 물이 출렁 춤을 춘다. 느림보 장금 여사는 아직도 꿈틀대며 거울 앞에서 비누칠을 지우지 않고 무엇을 하는지 서 있다. 뚱보 여사와 빼빼로 순둥이 여사는 어깨와 얼굴에 온수를 끼얹으며 톡톡 두드리며 마사지한다. 빼빼로 순둥이 여사는 가벼이 온탕 냉탕을 건너다니며 다람쥐처럼 가볍게 탕을 돌아다니며 때를 불린다. 뚱보 여사는 냉탕으로 풍덩 들어가더니 물 폭탄을 맞으려는 듯 스위치를 누른다. 천장에서 떨어지는 외줄기 두꺼운 물줄기에 허리를 구부려 폭포수를 맞고 어깨며 머리까지 맞았다. 빼빼한 순둥이 여사는 길고 통통한 물 폭탄이 떨어지는 위를 물끄러미 바라보며 피식 웃는다. 나는 물줄기에 깔려 죽을 것 같다며 여전히 아이처럼 온탕 냉탕 쑥탕 이곳저곳을 다람쥐 쳇바퀴 돌 듯 목욕탕을 넘나들고 물장난을 치고 쳤다.

이쯤 지나면 세신사들이 번호를 부를 법한데 아무런 기척이 없다. 차례가 되면 어련히 알아 부르겠냐고 하면서도 자꾸만 출입구 쪽으로 고개를 돌린다. 그때 마침 팬티와 브래지어 속옷 차림으로 들어오는 세 사람의 세신사 아주머니들과 눈이 마주쳤다. 그중 튼튼한 세신사는 한국인, 둘은 외국인으로 호리호리하게 키가 크고 눈은 땡그라니 우리말도 잘하고 예쁘게 생겼다.

세 분 와서 누우세요.

세 여인은 명령을 수행하듯 쪼르르 탕에서 나와 오렌지색 레저가 씌워진 사우나 침대에 올라 천장을 바라보고 침을 꿀꺽 삼키며 벌러덩 누웠다. 뚱보 여인이 제일 안쪽, 가운데는 빼빼로 순둥이 여인, 문 쪽에 장금이 여인까지 차례대로 자리를 잡아 누웠다.

이때부터 여자 셋은 사람이 아니다. 까치상어 같은 생선이다. 생선 장수가 쇠 수세미로 깔깔한 껍질을 벗기듯 세 여인의 몸도 그렇게 세신사의 손에 각질이 벗겨져 나가겠지. 발끝에서 무릎으로 허벅지로 아랫배로 무자비하게 훑고 지나간다. 그리고 가슴으로 목으로 팔로 종횡무진으로 활약하는 세신사의 손놀림은 빠르고 현란했다. 그러고는 팔을 번쩍 들어서 앞뒤로 싹싹 밀고, 그것도 모자라 하늘 향해 만세 자세로 만들더니 박박 밀어냈다.

빼빼로 순둥이 여인의 몸을 밀던 세신사가 "이모 건강검진 언제 했어요?"라며 좀 심각한 목소리로 묻는다. 빼빼로 순둥이 여인이 "왜요? 2년 전에 했는데요." 하며 반문하니 가슴에 작은 혹이 있는 거 같다고 말한다. 세 여인은 지나가는 소리로 흘려들으며 몸을 맡기고 누워 있다. 그런데 세신사가 다시 말을 이어 나간다. "내가 이 직업 십 년 넘게 하면서 여러 사람 검진 받게 해서 초기에 유방암을 발견해서 완치한 사람들도 몇 명 된답니다."

그때 힘이 제일 세 보이는 한 세신사가 때수건을 낀 손으로 탁탁 박수를 두 번 치더니 옆으로 돌아누워요. 명령과 동시에 여자 셋은 일제히 약속이나 한 듯 오른쪽으로 앞사람의 등을 바라보며 돌아누웠다. 안쪽 뚱보 여인의 등이 상판처럼 푸짐하다. 세신사 아주머니들이 다시 발쪽부터 싹싹 밀어 올라오는데 마치 각지고 깔깔한 나무토막을 목공사가 사포로 밀듯이 기계적으로 착착 작업을 한다. 한쪽 옆과 등을 다 밀고 또 박수를 탁탁! 두 번 치고 반대로! 하면서 명령이다. 이번엔 왼쪽으로 반대의 등을 서로 바라본다.

빼빼로 순둥이 여인은 젖가슴에 멍울이 있다는 소리를 듣고부터 기분이 싹 가라앉았다. 세신사가 딴생각하는 빼빼로 순둥이 여인의 팔을 딱 치며 팔에 힘 빼요. 퉁명스럽게 말했다. 그때 장금이 여인이 웃는다. "왜 자꾸 웃어요?" 세신사가 물었다. "왜 손님을 딱 소리 나게 때려요? 목욕탕 폭력으로 고소할까요?" 또다시 킥킥 웃는다. "힘을 빼고 있어야 때수건이 슬슬 넘어가는데 힘을 주면 때수건이 잘 안 밀려서 우리가 힘이 들어요." "네네, 알았어요. 연체동물처럼 힘 쫙 빼고 있을게요."

또다시 두 번의 박수와 함께 엎드려요. 명령이다. 여자 셋은 어느새 잘 조련된 물개처럼 힘 쫙 빼고 사지를 쭉 늘어뜨리니 아니, 엎어진 두꺼비 같다. 배가 양쪽으로 퍼진 채 나란히 엎드렸다. 엎어지든 뒤집히든 옆으로 눕든 반듯이 눕든 발쪽부터 밀어 올라오는 순서가 같다. 잘 숙련된 솜씨 역시 전문직 기술이구나.

순둥이 여인은 젖가슴에 멍울이 있다는 소리를 듣고부터 그쪽 가슴에 손을 떼지 못하고 문지르며 신경을 쓰는 것 같다. 다람쥐처럼 욕탕을 누비고 그저 천진한 아이같이 돌아다니더니 맥이 빠졌다.

"괜찮아! 가서 검사하기 전에 미리 쫄 거 없어. 별일 없을 거야." 애써 두 여인은 위로했다.

 모든 순서를 끝내고 조심스럽게 사우나 침대에서 내려와 미온수로 싹 헹구고 샤워하고 나니 몸에서 광채가 나는 듯했다. 우울하던 순둥 여사도 거울 앞에 서니 심란한 마음이 어느새 달아났다. 심한 노동이나 하고 난 것처럼 허기가 진다. 바나나 우유를 한 병씩 단숨에 들이켜고 시장기를 달래며 옷을 챙겨 입고 머리를 말리고 기본 화장을 한 후 사우나를 나와 브런치를 먹었다. 음식값은 순둥이 여사가 냈다.

 세 여인은 가볍고 상쾌한 마음으로 룰루랄라 콧노래를 불렀다. 시간에 여유가 있어 차분하게 교육장으로 달려갔다. 벌써 와서 기다리고 있는 회원들과 강사 선생님과 눈인사를 나누고 알찬 정보화 교육으로 폰으로 사진 잘 찍는 법을 배웠다.

 교육 며칠 후 순둥이 여사는 자녀들이 예약한 서울 병원에서 검사 결과 초기 유방암 판정을 받고 자녀들, 가족들이 눈물 콧물 난리가 났다. 작은 혹을 도려내는 가벼운 수술을 하고 병원에 입원했다. 세신사의 손 진단으로 빨리 발견한 결과로 항암이나 방사선 치료도 없이 약으로 치료 중이다. 지금은 6개월에 한 번 정기 검진을 받으러 서울로 외출을 한다.

 참으로 날을 잘 잡은 운이 좋은 사우나였다. 세신사의 주무르기 진단이 참으로 신통방통 고마울 수밖에.

그 후로도 세 여인은 더욱 가까이 자주 사우나를 드나들며 즐거운 생활을 하고 있다. 운동도 열심히 하고 취미 생활도 하고 맛집도 찾아다니며 즐거운 삶을 누리고 있다.

어느 날부터인지 사우나에 그 세신사는 보이지 않았다. 다른 사우나로 옮겨 갔는지 다른 이유로 그만둔 건지 살짝 그의 소식이 궁금하다.

어디선가 건강하게 잘 살고 있기를 빈다.

# 비비각시 섬 이야기

압해도는 바다와 섬, 물에 관한 설화가 많다.

물과 관련한 우리 마을의 설화로는 비비각시 전설이 있다.

처음 육지에서 섬마을로 시집 와서 바다에 나가 해루질을 해본 적도 구경도 못했던 나에게는 물 빠진 바다의 검은 개펄이 신기하기만 했다. 더군다나 육지의 농촌에서 살았지만, 농사일도 해본 적이 없어 모든 게 서툴렀다.

시댁은 대농을 일구는 농촌 부자, 일 부자였다. 시댁에서는 바쁠 때는 고양이 손도 빌린다는데 덩치 큰 새 며느리가 들어왔으니 큰 일꾼이 하나가 생겼다고 여겼을 것이다. 그런데 일도 못 하고 그렇다고 바다에 나가 갯것도 못하는 아무 쓸모없이 밥만 죽이는 며느리가 시어머니 눈앞에 알짱거리니 이쁘게 보일 리가 없었다.

시어머니는 일은 하지 않고 대가족들과 일꾼들을 거느리고, 이것저것 간섭하고, 일거리를 만들어 각자 몫을 정해 주었다. 일을 못하면 큰소리로 꾸짖고 잔소리 많은 무서운 남자 같은 여장부였다. 반면 시아버지는 친정 아버지처럼 자상

하고 나를 예뻐해 주시는 정이 많은 분이셨다.

나는 날마다 서투른 일을 배우며 힘에 겨워 눈물방울을 하며 지쳐 야위어 갔다. 이런 나를, 종갓집의 교회 권사이신 왕할머니께서 늘 교회 나오라고 전도하며 안타깝고 불쌍히 여기셨다. 어느 비가 내린 한가한 날 큰 집에 놀러 갔더니 왕할머니께서 비비각시 새댁 이야기를 해 주셨다. 복룡리 송림마을, 바로 우리 마을 앞 바다에서 일어난 이야기다.

건넛마을 가난한 집에 얌전한 처자가 살았는데 바보스러운 우리 마을 나이 많은 노총각에게 친정을 위해 논 세 마지기에 팔려 혼인하였다. 그래도 둘의 사랑은 깊고 깊었다. 남편과 홀시어머니 시누이를 존경하며 극진히 모셨다. 그런데 홀시어머니와 시누이의 구박이 심했다. 특히 바다 경험이 없는 이 처자에게 '너의 집에 가져간 논 값을 하라'시며 날마다 많은 농사일을 시키고, 물때를 맞춰 바다에 나가 조개를 캐고 감태, 게를 잡아 팔아 오라고 바다로 내보냈다. 각시는 바다로, 바보 남편은 산으로 땔감 하러 보내놓고 시어머니와 시누이는 밭일도 하지 않고 마냥 놀고먹었다. 겨울 바다에 게를 잡으러 간 새댁은 바닷물이 밀려들어 오는 것도 모르고 게를 쫓아다니다가 보니 사방에 물이 들어와 있는 것도 몰랐다. 시간이 흘러 발밑에까지 물이 들어 오는 것을 보고 당황하여 새댁은 돌과 모래가 쌓여 있는 높은 곳으로 피신하였다. 그러나 물 밖으로 나갈 수가 없었다. 날은 점점 저물어 밤이 되니 무섭고 너무 추워 온몸을 비비다가 얼어 죽고 말았다.

뒤늦게 마을 사람들과 땔감을 하고 돌아온 남편이 새댁이 없다는 것을 발견하고 마을이 난리가 났다. 바보 남편이 헤엄쳐 갔을 땐 새댁은 이미 죽어 있었다. 너무 불쌍하여 시체를 부둥켜안고 자기의 체온을 각시에게 비비며 통곡하다가 남편도 함께 얼어 죽고 말았다. 그래서 사람들은 섬 이름을 비비각시 섬이라고 부른다. 왕할머니는 나더러 혼자 바다에 가지 말라고 당부하셨다. 바다의 강은 가에서부터 물이 드니 높은 덴 등에서 갯질을 하면 물때 시간을 모르면 물이 들어오는지도 모르고 물에 갇혀 죽을 수밖에 없다는 당부 말씀을 하셨다. 이 이야기는 이 마을에서 일어난 오래된 실화라고 한다.

비비각시 섬은 아주 작은 모래섬이다. 우리 집에서 훤히 보이는 비비각시 섬, 지금도 물이 들어오면 작은 모래 등이 둥근 멍석만큼 볼록하게 물 밖으로 보인다. 그러나 영산강 하구언을 막은 후로는 물이 많이 드는 물때엔 가물가물 거무스름하게 흔적만 보인다.

비비각시 이야기에서 물은 직접 생명을 앗아간 것은 아니지만 죽음으로 몰아간 원인으로 작용한다는 상징적 의미를 띤다. 바다는 먹을 것을 내어 주는 곳이기도 하지만 죽음의 현장을 나타내기도 한다. 이는 바다, 혹은 물에 의해 뜻하지 않게 자신의 운명까지 바꾸게 된 뜻이 담긴 이야기이기도 하다.

최근 신안군에서는 비비각시 설화를 스토리텔링하였다. 배경을 왕국으로 하고 비비각시의 신분을 공주로 하여 이야기를 꾸몄다. 착한 왕자나 나랏일밖에 모르는 지조 있는 공주, 그리고 계비의 말을 잘 듣는 왕과 나쁜 마귀 같은 계비로 재구성하여, 인형극과 노래로 스토리텔링 하였다.

또한 가수 서정아가 부른 비비각시 노래는 사람들에게 인기가 많다. 조금은 서글픈 듯 남녀의 애틋한 사랑 이야기를 담은 가사로 만들어 사람들의 마음을 울린다.

다음은 비비각시 노래 가사이다.

이 세상 끝나는 그 끝에서라도
당신을 기다릴 테요 오로지 당신만을.

한 번 맺은 인연을 어찌 저버릴까요
처음 느낌 그대로 내 가슴에 남아있는데

우리들의 만남은 우연이 아니에요.
서로가 간절히 원한 열망으로 이뤄진 거죠

세상이 우리를 갈라놓아도 난 비비각시 되어
이 세상 끝나는 그 끝에서라도 당신을 기다릴 테요

오로지 당신만이 내가 사는 이유입니다.
영원히 영원히

# 신안의 토속 음식
- 바위옷(이끼) 묵

섬으로 시집 와 처음 접한 것은 해초류인 감태와 바위옷 묵이다. 김이나 갈파래 같은 건 육지에서도 사서 먹을 수 있지만 감태와 바위옷 묵은 신안에 시집 와서 처음 먹어봤다. 바다에서 나는 해초, 생선의 종류가 이렇게 많다는 걸 새삼 느끼며 놀라웠다.

난 원래 채식을 좋아하고 생선이나 육류 음식을 별로 좋아하지 않아 관심도 없었다. 고작해야 생선은 고등어, 갈치, 조기, 낙지. 육류는 돼지고기 정도 먹었다. 감태는 쓰고 갯내가 진해 내 입맛에는 맞지 않아 시집 와서 3년 동안은 먹질 않았다.

50여 년을 섬사람으로 사는 동안 입맛도 변해 지금은 없어서 못 먹는다. 그리고 감태 김치와 바위옷 묵 만들기 고수가 되었다. 요리에 취미를 가지면서 식당에서나 잔칫집에서 접한 음식들 중 특별한 재료나 맛을 보면 꼭 집에 와서 만들어 보고 연구하고 개발하면서 솜씨가 늘어갔다. 기술센터 우리 음식 요리연구회를 조직하는 창립 회원으로 전통 음식, 향토 음식 강의를 하면서 자꾸 연습하고 재료와 양을 조절하면서 노력한 대가이다. 싫어하던 감태의 쓴맛과 향이 지금은 정말 맛있다. 이 맛난 것들을 왜 거부했을까 후회된다.

설이 다가오니 뭔가 색다른 음식을 해서 형제들과 나눠 먹고 싶어 생각하다 하의도에 사는 동생에게 바위옷을 조금 사 달라고 전화했다. 동생이 바위옷을 보내왔다. 팔순이 넘으신 할머니가 긁어온 거라면서 3kg쯤 된다고 했다. 설날에 묵을 쑤어 자식들도 주고 형제간들과 나눠 먹으려고 넉넉히 준비했다.

같은 신안 섬이지만 내가 사는 압해도는 옛날에는 있었다는데 지금은 바위옷을 찾아볼 수가 없다. 바위옷을 정갈하게 갈무리하여 당장 묵을 쑤었다. 묵이 큰 다라이 가득 만들어졌다. 두부모처럼 잘라 여러 집 나눠 주었다.

갯바위는 섬사람들의 지친 다리를 쉼터로 내어주기도 하고 옷을 벗어 배고픈 섬사람들의 배를 채워준 고마운 존재다. 바위옷 묵은 말 그대로 바위가 입고 있는 이끼 옷이다. 색깔도 특이하고 맛 또한 특이하다. 보통 우뭇가사리 묵보다 투박하고 파르스름한 색깔에 진한 바다 향을 지니고 있다. 누가 이런 바위옷을 뜯어다 묵으로 만들 생각을 했는지 다행이다.

전해오는 이야기에 따르면 오래전 섬에 계속해서 흉년이

들어 먹을 것이 귀해 한 어머니가 자식들 배를 채워주기 위해 바닷가의 이끼며 갈파래를 뜯어다 솥에 넣고 죽을 끓이듯 끓여 먹고 남은 것이 식어 묵이 되었다. 그것으로 배고픔을 달랬다는 것이다. 지금은 섬사람들의 별미 음식으로 신안의 토속 음식으로 귀한 대접을 받게 되었다고 한다.

섬사람들은 바닷물이 쓰면 갯 바구니에 수저나 전복 껍데기로 바위를 덮고 있는 이끼를 긁어모아 바닷물에서 깨끗이 씻고 집에 와서 볕에 바짝 말려 보관했다가 바위옷 묵을 만들어 먹었다. 말린 바위옷을 방망이로 토닥토닥 두들겨 붙어 있는 굴지 개미나 조개껍데기, 돌, 모래 등 이물질을 분리해 냈다. 이것을 대야에 담고 물에서 10번이고 20번이고 잔모래까지 다 걸러낸 다음 솥에 물을 붓고 식초 한두 숟가락 넣어 푹 고았다. (식초는 살균 효과와 빨리 물러지라고 사용) 솥 옆에 서서 눌어붙지 않게 잘 저어 주고 눈으로 보아 몽글몽글 미끈거리면 한 수저 찬물에 떨쳐 보아 뭉쳐지고 퍼지지 않으면 준비해 둔 바구니나 망에 받아 내어 그릇 사각 통이나 함지박에 담아 하루 정도 굳힌다. 이렇게 만들어진 바위옷 묵으로 비빔밥, 냉 콩국수, 묵무침, 묵밥 등 다양한 요리를 만들 수 있다.

바위옷 묵은 칼로리가 낮으면서도 섬유질과 미네랄이 풍부해서 혈관의 나쁜 콜레스테롤을 청소하는 현대인들에게 필요한 건강식품이다. 또한 다이어트 음식으로 여성들의 인기를 한 몸에 받는 음식 중의 하나다.

 섬사람들이 바위옷을 벗겨다 먹는 동안 또다시 밀물과 썰물을 맞아가며 갯바위는 옷을 다시 만들어 입었다. 우무와는 달리 그 맛이 찰지고 단단하여 갯내의 독특한 향을 뿜는다. 옛날 신안 어르신들은 바위옷 묵을 마을에 결혼식이나 잔치가 있을 때 한 다라이씩 쒀다 품앗이하고 이웃 간의 정을 나눈 음식이었고 애경사에 빠지지 않는 약방의 감초 같은 메뉴였다. 또한, 먼 길을 떠날 때 보따리 속에 싸 들고 가면서 먹던 음식이었다. 속을 든든히 채워 주고 쉬이 쉬지 않아 여름에도 관리하기 좋은 음식이다. 별 양념 들어가지 않아도 그냥 한 덩이 들고 뚝 베어 먹어도 맛있다. 양념장 하나면 묵무침, 묵밥, 묵국수 다 만들어 먹을 수 있다.

 지금은 바다 오염과 높은 수온 때문에 우리 곁에서 사라져 가는 안타까운 현실이다. 아직까진 도초도나 비금도, 하의도, 신의도 안 섬에서는 바다에 나가 채취하면 먹을 만큼은 채취할 수 있다고 한다. 하지만 고령화 시대이니만큼 바다에 나가 채취할 사람이 없는 슬픈 현실이다.

 신안 바위옷으로 만든 묵은 신안 우리 음식연구회의 노력으로 국제 슬로푸드 협회가 선정하는 맛의 방주에 등재되는 영광을 안겨주기도 하였다.

작품론

# 生의 秘儀와 생명성, 그리고 모성성의 변주
- 윤인자 시 산문집 『간이역을 지나며』

강 경 호
(시인, 한국문인협회 평론분과 회장)

1.

시는 시인에게 살아온 궤적을 보여주고 어떻게 살고 있는지를 말해주기도 한다. 이는 많은 시인들이 자신의 삶을 바탕으로 시적 발화를 하기 때문인데, 이때 시인의 시는 객관성을 통해 보편적인 인간의 삶에 대해 메시지를 가질 수 있다. 일상에서 만나는 특별한 인상에 의해 정서적 충격을 받기 마련인데, 시인은 영감을 얻게 되고 그 영감을 시인 특유의 정서와 개성을 상상력으로 직조한다. 이렇듯 경험한 정서적 사건을 시인의 언어로 형상화하는 과정에서 개성 있는 시적 목소리와 독자와의 공감대를 형성하여 감흥을 얻게 된다.

윤인자 시인의 『간이역을 지나며』는 시제가 암시하듯 노년에 이른 최근 정서가 투사되어 있다. 그동안 달려온 인생을 뒤돌아보기도 하고 지난 시간에 대해 깊이 회상한다. 몹쓸 병과 투병하며 삶의 허무와 미래에 대해 불안의식을 드러내는데, 특히 지난 세월의 아쉬움을 통해 삶의 본질을 모색하고 있다.

이렇듯 생명의 의지를 드러내는 그의 시의 한켠에서는 생명의 계절인 '봄'의 환희를 노래하고 있어, 배 농사를 지어온 경험을 바탕으로 생명성을 탐구하고 있다. 이는 존재성을 드러내는 일이 생명을 갖는 일이며, 생명을 통해 사물이 자신만의 정체성을 드러낸다고 믿기 때문이다.

이번 시집에서 윤인자 시인이 가장 많이, 천착하는 세계는 어머니에 대한 사랑과 안타까움, 연민, 그리움의 정서이다. 어머니가 쪄준 옥수수를 먹던 기억, 늘 장독대 항아리를 반질반질 윤이 나게 닦던 정성, 치매기로 기억이 흐려지면서도 자신을 잊지 않으려는 안간힘, 놋쇠 요강에 얽힌 어머니와 자식들의 에피소드, 어머니가 일구던 밭, 그리고 어머니 돌아가신 슬픔과 제삿날 회상하는 시편 등에서 어머니를 사모하는 정이 그리움으로 전이된다.

그리고 압해도에 시집와 살면서, 일상에서 만나는 다양한 정서를 통해 시인의 삶을 보여준다. 공동체적인 삶, 과수원에서 생긴 일, 비 오는 날의 부침개 등 수많은 일상이 정겹다.

이 시집은 윤인자 시인의 시가 지향하는 지점이 보편적이고 인정이 넘치는 세계라는 것을 말해주는데, '시는 현실을 반영한다'는 서정시의 명제를 실천적으로 말해주고 있다. 더

불어 자신의 삶과 윤리적 주체로서 모범적인 삶의 양태를 보여주고 있어 온기와 감흥을 잔잔하게 전해준다.

2.

인간을 포함한 모든 생명체는 생로병사의 과정을 거친다. 윤인자 시인은 이 과정에서 노년의 시간으로 접어들고 있다. 자연의 순환 과정의 한 부분으로 자연의 섭리를 거스르지 못한다. 언젠가는 자연으로 돌아가 새로운 생명으로 거듭나는 것이 자연의 이치이다.

> 수많은 역을 거쳐 숨이 가쁜 열차
> 때로는 비가 내리고, 때로는 눈이 내리는
> 길고 긴 레일을 타고 달려왔다
>
> 내 고향 남녘 강진에서 시작된 여행
> 세월의 플랫폼에서 인연을 맺고 이별하는
> 종착역이 어딘지도 모르는 열차는
> 레일을 이탈하여 상처를 입기도 하고
> 사랑을 만나 행복하기도 했다
>
> 열차에 몸을 실은 나는 철로에서
> 가슴이 뛰고 설레며 미지로 달려간다
> 이제 서서히 저녁 햇살 눈부신
> 황혼, 하늘나라 역으로 가는 길목에서

> 후회하지 않을 만큼 잘 살았어,
> 이렇게 말할 수 있을까
> 간이역을 지나치며
> 지나온 뒤안길을 다시 뒤돌아본다.
>
> ―「간이역을 지나며」 전문

「간이역을 지나며」에서 시인은 자신에게 주어진 시간 속에서 길을 가는 열차로 설정한다. "수많은 역을 거쳐 숨이 가쁜 열차"여서 레일을 타고 목적지로 향하고 있다. 그동안 "때로는 비가 내리고, 때로는 눈이 내리"는 길을 거쳐 왔다. 뿐만 아니라 "종착역이 어딘지도 모르는 열차는/ 레일을 이탈하여 상처를 입기도 하고/ 사랑을 만나 행복하기도 하였다"고 고백한다. 강진에서 태어나서 압해도에 시집와 사랑하는 반려자와 살아오는 과정을 열차에 비유하여 자신의 삶을 노래하고 있다.

인생은 종점도 도착시간도 알 수 없는 것이어서 시적 화자는 "가슴이 뛰고 설레며 미지로 달린다"고 한다. 얼마나 달려왔을까. "이제 서서히 저녁햇살 눈부신/ 황혼, 하늘나라역으로 가는 길목"에 접어들었음을 느낀다. 시적 화자의 진술처럼 황혼녘에 이른 열차는 그동안 간이역을 지나면서 내리는 사람들의 삶을 지켜보며 자신을 뒤돌아본다. 그리고 "후회하지 않을 만큼 잘 살았어"라고 말할 수 있는지를 스스로에게 묻는다.

이 작품은 궁극적으로 삶을 통찰하면서 성찰에 이르고자 하는 시적 화자의 소망이 배어있다. 자신에게 주어진 종점이 어디인지 모르지만, 후회하지 않는 삶이 되기를 바라며 삶을 완성하려는 것이다.

인생은 그저 평탄하지 않아서 수많은 난관을 만나기 일쑤이다. 시인은 투병 중이다. 생사를 가름하는 병을 이기기 위해 노력을 다하고 있다. 그 과정에서 시적 화자인 시인은 온갖 불안의식으로 가득 차 있을 수밖에 없다. 시적 화자는 자신이 처한 환경에 대해 많은 생각을 드러내고 생에 대해 깊은 통찰을 하고 있다.

> 누군가 암에 걸렸다는 소리를 들어도
> 담담했던 마음에
> 소용돌이가 휘몰아친다
> 몇 날 며칠 내 마음에
> 태풍이 불고 파도가 범람한다
>
> 하필 나에게 몹쓸 것이 찾아오다니,
> 암은 관념이 아니다.
> 지극히 현실적인 것이어서
> 인생이 허무하고
> 아웅다웅 살아온 날들이 후회스럽다
>
> 벼랑 끝에 핀 꽃처럼

바람에 파르르 떨며
염천에 한기가 돈다
이제 얼마나 남았을까?
저기가 거기인가?

끝자락이 선명하게 보이는 것 같을 때,
그 지긋지긋한 것
나를 괴롭히는 너를 쓰러뜨리겠다
암이 나를 일으켜 세운다.

- 「암과 함께」 전문

생로병사의 과정은 순탄하지 않다. "누군가 암에 걸렸다는 소리를 들어도/ 담담했던 마음"이었다. 자신에게 닥친 일이 아니기 때문이다. 그러나 "하필 나에게 몹쓸 것이 찾아오"니 마음속에서 "소용돌이가 휘몰아 친다/ 몇날 며칠 내 마음에/ 태풍이 불고 파도가 범람한다"고 토로한다. 암이 쉬운 병이 아닌 까닭이다.

절망을 극복하고자 하는 의지를 보여주는 것이 서정시의 한 효용적 가치이다. "암은 관념이 아니다/ 지극히 현실적인 것이"다. 병을 극복하기 위해 시적 화자는 힘든 치료를 받아야 한다. 그 과정은 매우 지난한 것이기도 하여 고통스러운 일이다. 누구나 자신은 몹쓸 병에 걸리리라 생각하지 않는다. 그러나 막상 병에 걸리면 절망하고 괴로워하기 마련이다. 그래서 마치 죽음이 눈앞에서 어른거리는 내적 불안으로 마음에 소요가 일어난다. "인생이 허무하고/ 아웅다웅 살아온 날들이 후회스럽"기도 할 것이다.

이러한 상황에서 "벼랑 끝에 핀 꽃처럼/ 바람에 파르르" 떤다고 하는 비유가 말해주듯 시적 화자는 위태로울 수도 있는 불안의식에 휩싸인다. 뿐만 아니라 더운 날씨이지만 몸이 추위를 느끼기도 병증이 나타나기도 한다. 어쩌면 생사의 갈림길에 있는지도 모른다는 생각에 "이제 얼마나 남았을까"라는 불안의식이 시적 화자를 괴롭힌다.

그럼에도 불구하고 시적 화자는 생명에 대한 의지를 내보인다. "그 지긋지긋한 것/ 나를 괴롭히는 너를 쓰러뜨리겠다"고 한다. 오히려 역설적으로 "암이 나를 일으켜 세운다"고 하며, 시제가 말해주듯 '암과 함께'하는 지금의 상황을 생을 일으키는 기제로 작동시키고자 한다.

이 작품은 마음의 동요를 잠재우고 건강한 생명성을 갖고자 하는 시적 화자의 내면 풍경이 독자들에게 강인한 의지와 감동을 준다.

이번 윤인자 시인의 시집에서 생의 비의에 천착한 작품 중에는 시인의 시간관념을 모색하는 시편 「노년의 시간」과 「마음은 스물 몇 살」이 있다. 「노년의 시간」은 떠나는 시간과 다가오는 시간에 대한 진중한 질문과 사색이 깃들어 있다. 해마다 오가는 시간의 영속성에서 인간은 유한한 생명의 한계를 지니고 있어 영원할 수 없음을 잘 알고 시적 화자는 '시간'을 "어느 누구도 셈하지 못할" 것이라고 한다. 그러므로 "형용할 수 없는 극과 극의 거리"라고 말할 수 있는 것이다. 이러한 시인의 인식은 시간을 붙잡을 수 없는 것이라고 하고 단지 "역사가 한 획을 그은 새해 아침"이라고 한다. 새해를 맞는 나약한 인간 존재의 한계성을 드러낸다. 이러한 태도는 시간에 순응하고, 우주의 섭리 속에 인간 역시 시간처럼 흘러가는 존재라는 태도가 깃들어 있다. 그러므로 새해를 맞는 의식을 "또 그렇게 순식간에 한 살을 더 먹고/ 나이가 들어가는/ 노년의 시간"이라는 생각에 이른 것이다.

「마음의 스물 몇 살」에서는 "나이는 칠십 대 마음은 이십 대"라며, 마음은 청춘인데 몸은 그렇지 못하다는 말을 상기시킨다. '스물 언저리'는 인생에서 가장 몸이 왕성한 때로 정신적으로도 두려움이 없는 때이다. 그러나 칠십의 나이가 되면 용기가 없어지고 "몸은 늙고 무거워 숨이 차"게 된다. 칠십이어도 마음만 이십 대인 노년의 시간에 대한 시적 화자의 인식은 "그저 야속한 세월만 원망하"게 된다고 하는 최근 시인의 정신 표정을 보여주고 있다.

팔십을 바라보는 윤인자 시인의 정신 지리를 드러낸 「울음」에서는 태어나는 시간으로부터 현재에 이르기까지에 놓여있는 시간의 간극을 묘파하고 있다. "아기에게 울음은 메시지다"라고 한다. 말을 못 하므로 울음으로 배가 고프거나 똥오줌을 지릴 때 아기는 울음으로서 존재를 드러낸다. 성장

해서는 "억울하고 분할 때" "누군가가 그리울 때" "즐거울 때" '울음'이라는 감각을 통해 자신을 나타낸다. 그러나 울음을 참음으로써 "팽팽해지는 울음보"가 된다고 한다. 울지 않지만, 울음들이 모여 울음보에 가득한 것이다. 지난 세월 동안 수많은 울음을 참았지만, 돌아가신 아버지가 그리워 눈물을 참다가도 가끔은 "장독대 아래서 숨죽여/ 가만가만 울어본다."고 하여 슬픔과 그리움의 정서를 울음으로 터뜨린다고 한다. 이 작품에서 '울음'이 시간의 간극에서 자신을 드러내는 기제로 작용하고 있으며, 생의 다양한 비의를 표현하는 방식임을 알 수 있다.

3.

윤인자 시인의 삶과 문학은 날마다 마주하는 과수원과 관련이 깊다. 집과 과수원이 등을 맞대고 있어 눈만 뜨면 바라보이는 환경 속에서 살기 때문이다. 변화하는 계절의 흐름도 과수원을 통해 알 수 있으니 생명성에 관한 시인의 시적 발화가 많을 수밖에 없어 생명의 또다른 말인 '봄'을 시로 형상화한 경우가 적잖다. 생장이 일시 멈춘 겨울이 지나고 봄이 오면 과수원에 배꽃이 피고 온갖 봄꽃들이 들풀처럼 기지개를 켠다. 홍매화가 피고 풀꽃들도 함초롬하게 피어나면 대지는 푸르게 짙어온다. 이러한 풍경을 바라보는 시인에게는 특히 생명성에 관한 상상력이 시세계의 주류를 이룬다.

2월의 정원은 고요한 듯하지만
꽃샘추위에 놀란 봄꽃들이 눈치를 보다
수선화 노란 입김이 잔설을 녹이고
황사 방지용 마스크로 코와 입을 가린 봄은
가만가만 꽃샘추위를 밀어낸다
그 틈새를 타고 진달래꽃들은
곧 다가올 3·1 만세운동처럼
깃발을 흔들며 산 아래에서부터 함성이 요란하다
마침내 초록 바람과 함께
집 앞 화단까지 밀고 온 시위대열에
화들짝 놀란 할미꽃 민들레꽃들이
두 손 번쩍 들어 만세를 부른다.

- 「몰래 온 봄」 전문

  계절의 변화는 느릿하다. 시적 화자의 말처럼 봄이 몰래 눈치채지 않게 오는 경우가 많다. 2월이면 겨울과 봄의 경계여서 때로 눈이 내려 겨울인 듯싶어 정원은 고요하다. 생명의 움직임이 느껴지지 않는다. 그러나 "수선화 노란 입김이 잔설을 녹이고" "가만가만 꽃샘추위를 밀어낸다". 봄은 소리 없이 슬그머니 오는 것이다. 그러나 봄을 상징하는 진달래꽃들은 분홍빛 화려한 빛으로 "곧 다가올 3·1 만세운동처럼/ 깃발을 흔들며 산아래에서부터 함성이 요란하다". 봄은 몰려오기 시작하면 초록바람과 함께 "집 화단까지 밀고 온 시위대열"이 되어 할미꽃, 민들레꽃 등 온갖 꽃들이 "두 손

번쩍 들어 만세를 부"르는 것이다. 생명을 가진 것들이 만물이 깨어나는 봄날 환호작약하며 푸르름으로 대지에 생명의 기운을 불어넣는 모습에서 살아있음을 알리는 것이 아름답다.

봄날의 환희를 노래한 시편이 유독 많은 이번 시집에서 「봄꽃들」은 "불이 지나간 잿빛 속에서 쑥이 고개를 들고/ 꽃들이" "꽃등을 두고 봄을 비춘다"하고, 「봄의 길목에서」는 아직 이른 오월의 들녘에서 곰보배추를 캘 때, "애기똥풀꽃에 긴 빨대를 처박고/ 궁둥이 쳐들고 꿀을 빠는/ 각시나비의 생존방식", "하얀 배추나비 두 마리 얼싸안고/ 봄똥밭으로 숨"는 모습을 통해 신비로운 생명 활동을 알게 된다. 그리고 사랑꾼들의 "혼인잔치로 수선스러"운 봄이 진정한 생명의 계절임을 확인한다.

「봄의 뜨락」 또한 생명의 환희를 노래하고 있다. 골담초꽃, 병꽃, 명자꽃, 모란꽃, 민들레, 할미꽃 등이 꽃을 피워 "바람에 자식들 분가시키는" 왁자지껄한 봄의 뜨락에서 벌어지는 생명활동이 모두 마술을 부리는 것이라고 한다.

「홍매화 분분한 날」에서도 "분홍빛 눈송이"로 형상화한 홍매화 꽃잎이 바람에 날리는 모습을 사진 찍어 누군가에게 보내고 싶다고 한다. 온갖 꽃들이 피고 지는 모습에서 생명의 아름다움을 만끽하는 화자의 마음이 싱그럽게 느껴진다.

생명성을 노래한 위의 시편들은 모두 '봄'을 배경으로 하고 있다. 그러다보니 생명의 환희와 아름다움에 취해 감정이 매우 들뜬 상태이다. 그러나 다음의 「늙은 호박」은 단순한 생명성을 넘어 모성성을 잔잔한 정서로 말해주고 있다.

들에서 늙은 호박을 손수레에 실었다
춥지 않게 폭신한 담요 네 겹으로 접어
엉덩이 밑에 받쳐주고 거실에 모셨다

큰 덩이 위에 작은 덩이 겹겹
아기 엉덩이 닮은 골이 진 토실토실한 맷돌 호박
잘 숙성되어라,
주문을 외우며 백제 오층 석탑처럼 쌓았다

봄부터 가을까지 만고풍상 다 겪었으니
겨울엔 집안에서 가족이 되어
썩지 말고 잘 버텨라.
날마다 만져주며 손끝으로 온기를 전했다

동짓날 젤 큰 호박 하나
종자를 받기 위해 칼로 가르는데
탯줄로 뒤엉켜 빈틈이 없이 가득한 뱃속
뼈처럼 하얀 씨앗들이 풍성하다

호박은 늙어야만 제 핏줄을 남기느니
또다시 밭둑에 얼크러져
줄레줄레 새끼들 달고

아이들 유치원에 데리고 가는
어미 모습 선연하다.

- 「늙은 호박」 전문

  누렇게 익은 호박을 '늙은 호박'이라고 부른다. '늙다'의 동사가 지닌 감각을 사람에 비유하면 '어미' '노인'을 연상시킨다. 그래서 이 작품에서 시적 화자는 '늙은 호박'을 "늙어서야만 제 핏줄을 남"긴다 하고 "아이들 유치원에 데리고 가는/ 어미 모습"이라고 한다.

  시적 화자는 늦가을쯤 "들에서 늙은 호박을 손수레에 실었다". 그리고 집 안 거실에 놓아두었다. 잘 익은 호박 여러 개를 "백제 오층석탑처럼 쌓았다". "동짓날 젤 큰 호박 하나/ 종자를 받기 위해 칼로" 쪼개니 안에 많은 씨앗들이 들어있다. 사람은 늙어서는 자식을 생산하지 못하지만 "호박은 늙어서야만 제 핏줄을 남"긴다고 한다. 모든 종(種)은 어떤 형태로든 제 유전자를 남겨 생명의 끈을 이어가게 한다. 호박 또한 "또다시 밭둑에 얼크러져/ 줄레줄레 새끼들 달고" "유치원에 데리고 가는/ 어미의 모습"을 할 것이다.

  이 작품은 시종일관 의인화법으로 호박을 '늙은이'로 받들고 있다. "춥지 않게 폭신한 담요 네 겹으로 접어/ 엉덩이 밑에 받쳐주고 거실에 모셨다". "아기 엉덩이 닮은 골이 진 토실토실한" "겨울엔 집안에서 가족이 되어" "탯줄로 뒤엉켜 빈틈이 없이 가득한 뱃속" "아이들 유치원에 데리고 가는/

어미" 등이 그것들이다. 이러한 형상화를 통해 시적 화자는 "봄부터 가을까지 만고풍상 다 겪"은 호박을 '늙은'이라는 형용사에 어울리게 이른바 어른으로 대접하고 있는 것이다.

잘 숙성된 호박을 '늙은 호박'이라고 부르며 인격을 부여한 시적 화자의 의식은 생명성에 대한 인식 태도가 어떠한지를 잘 말해준다.

이외에 생명성을 노래한 「수숫대」도 시간적 공간이 가을이다. 이 작품은 생명의 순환을 잘 보여주고 있다. 콩밭에 드문드문 서 있는 키가 큰 수숫대에서 알맹이가 익어가자 참새 떼가 수수알 빼먹고 간다. 쫓아버려도 다시 몰려오는 참새 떼는 생존을 위해 수수를 먹고자 다시 몰려온다. 햇살 좋고 청명한 가을날 콩밭의 수숫대는 뭉게구름 떠가는 하늘 아래에서 쑥쑥 자란다. 특별한 갈등 구조가 없는 이 작품은 평화롭고 한가한 가을의 한때 풍경을 통해 생명의 순환과 조화로움을 형상화시켰다.

4.

오랫동안 배농사를 지으며 살아온 윤인자 시인의 삶은 압해도라는 장소성에 깊이 동화되었고, 그의 시 역시 압해도라는 한반도 서남해 일우의 일상을 형상화하고 있다. 대부분 시인이 살고 있는 장소와 공간을 시로 형상화하는 일은 '시는 현실을 반영한다'는 명제를 충실히 따르는 것이며, 이는 시의 현장이 시인의 삶을 가장 잘 담아낼 수 있기 때문이다. 윤인자 시인 역시 집과 마을에서 마주한 구체적 현실을 통해 시적 정서와 자신이 추구하는 세계관을 노래하고 있다.

  그의 시에는 아침부터 과수원에서 들려오는 까치 울음소리, 텃밭에서 푸르게 자라는 작물을 바라보는 농부의 뿌듯한 마음, 무더운 여름 과수원에서 울어대는 매미 소리와 배를 노리는 까치들의 떼울음, 비 오는 날 아이들과 부침개를 부쳐 먹는 즐거움, 겨울 배추밭에서 눈에 덮인 배추를 바라보는 안타까움, 겨울바람 속에서 피어난 애기동백을 바라보는 마음, 압해도 선착장 송공항의 분주한 아침 풍경, 폭설에 막힌 길을 내는 날의 정경 등이 담겨 있다. 이러한 일상과 그 속에서 길어 올린 시적 정서는 시인만의 푸근하고 따뜻한 세계를 보여준다.

    아침잠을 깨우며 소란을 피우는
    까치 소리
    오늘은 누가 오시려나
    유독 까치 소리가 청명하다
    한 쌍이 장단 맞춰 울더니 이윽고 떼울음을 운다
    과수원 집이라 흔한 풍경이지만
    창문을 열고 휘이 휘이 까치 떼를 쫓는다
    과수원 꽃과 잎과 햇살, 과수원을 지나던 바람까지도
    일제히 일어나 어우러져 춤을 춘다
    오늘은 좋은 일이 있을 것 같은 예감

기분이 좋아진 나는 뒷짐을 지고
콧노래 부르며 과수원을 한 바퀴 둘러본다.
- 「까치 지저귀는 아침」 전문

예로부터 까치가 지저귀면 반가운 손님이 온다고 하여, 까치를 길조로 여겨왔다. 아침부터 요란하게 들려오는 까치 소리에 시적 화자는 "오늘은 누가 오시려나" 하고 생각하며 창문을 열어 훠이훠이 까치 떼를 쫓는다. 집 옆에 과수원이 있어 까치 소리를 자주 듣지만, 오늘은 유난히 좋은 일이 있을 것 같은 예감이 들어 기분이 한결 밝아진 시적 화자는 뒷짐을 지고 과수원을 한 바퀴 둘러본다.

서정시는 사회의 불화와 절망 등 어두운 현실에 빛을 비추며, 궁극적으로 유토피아적 세계를 지향한다. 이러한 성격 때문에 서정시는 대체로 갈등을 해소하는 구조로 전개된다. 그러나 이 작품에는 까치와 인간(시적 화자) 사이의 갈등이 없다. 오히려 까치 소리는 청명하게 울리고, 화자에게는 좋은 일이 다가올 듯한 기분을 안겨준다. 이러한 시적 정서를 반영하여 시인은 "과수원 꽃과 잎과 햇살, 과수원을 지나던 바람까지도/ 일제히 일어나 어우러져 춤을 춘다"고 까치와 인간과의 관계성과 상관없이 주변 풍경들을 섬세한 감각으로 형상화하고 있다. 이처럼 갈등 구조 없이도 서정시의 본질인 유토피아를 지향하며, 서정시의 한 전형을 선보이는 것이다.

시인이 일군 과수원을 소재로 한 작품들 가운데 「여름 과수원」은, 앞의 작품처럼 까치와의 관계에서 오는 긴장을 그리고 있다. 먹거리가 풍부한 과수원에서 까치가 배를 조금씩 쪼아 상품 가치를 떨어뜨리는 상황에 대해 시인은 "저 얄미운 까치 새끼, 어쩌면 좋아"라고 토로한다. 여름 과수원은 까치뿐 아니라 개구리와 달팽이 등 다양한 생명체들이 어우러져 살아가며, 더위에 지친 풀잎들까지 드러눕는 한가한 한철로 묘사된다.

「비 오는 날」은 인정이 넘치는 비 오는 날의 정서를 형상화하고 있다.

창밖에 보슬보슬 빗소리
바람은 하늬바람, 마파람
시집가고 장가가고

철대문은 삐거덕 덜커덩,
양철지붕은 깨갱깨갱 징징 징
꽹과리 치고 징 치고

빗줄기 오락가락 호랑이 장가가는데
어느새 쨍하고 해가 뜬다

엄마의 부엌엔 프라이팬이 지글지글
아이들은 볼이 빵빵 주전부리

부침개가 구워 나오는 죽죽

젓가락이 분주하게 춤을 춘다
서로서로 한 젓가락 더 먹겠다고
젓가락 싸움이 벌어진다

날씨도 장맛비 오락가락
부지런한 사람 일하기 좋고
게으른 사람 낮잠 자기 좋은 날.

― 「비 오는 날」 전문

비 오는 날, 가족의 즐거운 한때를 정겹게 표현하였다. 농경사회에서 비 오는 날은 부침개를 부쳐 먹고 콩을 볶아 먹었다. 비가 내려 농사일을 할 수 없는 날이면 가족이 오순도순 모여 여유롭고 한가한 시간을 보냈다. 햇빛이 비치다 비가 오면 호랑이가 장가간다고 여겼다. 그런 날, "엄마의 부엌엔 프라이팬이 지글지글" 끓고, "아이들은 볼이 빵빵 주전부리/ 부침개가 구워 나오는 족족// 젓가락이 분주하게 춤을 춘다.", "서로서로 한 젓가락 더 먹겠다고/ 젓가락 싸움이 벌어진다". 보슬비가 내리다가 "장맛비 오락가락"하는 궂은 날은 "부지런한 사람 일하기 좋고/ 게으른 사람 낮잠자기 좋은 날"이다. 부지런히 일하든, 느긋하게 낮잠을 자든, 모두가 평화로운 농촌의 일상이다.

이 작품 또한 서정시의 시적 장치 가운데 하나인 갈등 구조가 보이지 않는다. 그렇다고 시적 형식을 갖추지 않은 것은 아니다. 시가 궁극적으로 지향하는 바가 불화와 절망에서 화해와 희망으로 나아가는 것이라면, 평화롭고 조화로운 세계를 통해 휴머니즘적 유토피아를 형상화한 이 작품은 서정시의 본질에 충실하다.

다음의 작품들은 윤인자 시인의 일상에서 마주하는 현실을 반영하고 있다.

「가을 비」는 한 해 농사의 결실인 추수를 앞둔 시기에 내리는 가을비로 인해 "태풍에 쓰러진 벼 이삭은 싹이 트고/ 잘 익은 과일들은 썩어간다". 이럴 때면 속이 타는 농심(農心)은 "홍시처럼 환한 날을 불러 오면 좋겠다". "날마다 다디 단 날이 오면 좋겠다"며 과수원을 바라보며 "가을비는 언제 그치려나/ 한 해 농사는 언제 걷어 들이나"라며 소박한 마음으로 가을비를 원망하고 있다.

「해변 산책」은 섬에서 살아가는 시인의 평범한 한때를 그린 작품이다. 해변을 거닐던 중 하늘에 먹구름이 드리우고, 갑자기 소나기가 쏟아지지만 그는 피하지 않고 바닷가를 계속 걷는다. 그러다 갈대숲에 앉아 있는 바닷새들을 바라본다. 비가 그친 뒤에는 햇빛에 반짝이는 갈대꽃과 바람에 흔들리는 파도의 소란스러운 움직임을 지켜본다. 지극히 소소한 풍경이지만, 도시에서는 접하기 어려운 자연의 원초적인 움직임이다. 이러한 풍경 속에서 자연에 동화된 시적 화자의 모습이 겹쳐지며, 자연과 인간의 동일성을 드러낸다.

5.

시에서 자주 쓰이는 언어 중에는 낡고 진부한 것이 많다. '어머니'라는 말 역시 여기에 해당한다. 그러나 '어머니'는 단순한 고유명사나 보통명사의 의미를 넘어서는 존재이기에, 설령 진부하다 해도 결코 낡거나 진부하지 않다. 어머니는 생명의 근원이자 사랑과 희생, 그리고 그 이상의 의미를 지닌다. '어머니'라는 말만 들어도 모든 감각이 따스해지고 부드러워지며, 연민과 그리움이 온몸을 전율케 한다.

윤인자 시인에게도 어머니는 특별한 존재다. 그 특별함은 '관계'에서 비롯된다. 태어난 순간부터 시작된 이 관계는 유년 시절은 물론 살아온 세월 전반에 걸쳐, 그리고 어머니가 세상을 떠난 뒤에도 이어진다. 관계는 시인과 어머니가 함께 한 시간 속 서사의 기억으로 엮이며, 마치 모태에서 탯줄로 연결된 것처럼 끊임없이 이어진다. 대부분의 사람들처럼, 시인 역시 어머니라는 이름을 사랑과 존경, 때로는 슬픔과 기쁨, 연민과 그리움의 정서로 호명한다.

시인의 시 속 어머니는 삼복더위에 여문 옥수수를 쪄 동네 아이들에게 먹이고, 들일 나가기 전에는 행주로 항아리부터 자배기, 옴박지, 방구리, 시루 등 집안의 그릇을 정성껏 닦던 분이다. 유년의 어머니는 해가 저물 때까지 들밭에서 일

했고, 노년에는 치매기가 있어도 자신을 버텨 일으켜 세우려 애쓰셨다. 그리고 마침내 세상을 떠난 뒤, 시인은 슬픔을 삼키며 제삿날이 돌아오자 어머니의 일생을 회상하고 그리움을 되새긴다.

    한평생
    들일하러 나가기 전에
    맨 먼저 장독대 항아리들을
    신성한 종교의식처럼 닦는다

    손에는 하얀 행주
    그 옆에는 물 양동이
    닦고 빨고 또 닦으며,
    큰독, 항아리, 자배기, 옴박지, 방구리, 동이
    확독, 시루, 작은 단지까지
    제 자식처럼 정성을 쏟았다

    낮에는 해님이 놀러 오고
    밤에는 달님이 망을 본다
    집에 놀러 온 손님들도 욕심을 내는
    가지런히 줄을 선 항아리들

    자존심이고 보물들이어서
    어머니의 사원에서
    누구도 장독대를 범하지 못한다.
                        - 「어머니의 사원」 전문

어머니는 한평생 들에 나가기 전 "맨 먼저 장독대 항아리들을/ 신성한 종교의식처럼 닦는다." 집안을 단정히 단속하는 모습이다. 그러나 시적 화자의 표현처럼, 이 행위는 '신성한 종교의식'과 같이 정갈한 성품에서 비롯된 마음을 닦는 일이다. 깨끗이 닦인 항아리들은 "제 자식"이자 "자존심", 그리고 "보물"이다. 그러므로 장독대는 "누구도 범하지 못"하는 "어머니의 사원"이 된다.

여기에서 "하얀 행주"와 "물양동이"는 어머니 자신을 지키고 빛내는 무기이자, 종교적 의미를 담은 도구다. 서정시에서 시적 상관물은 비유적 함의를 통해 보다 깊고 내밀한 의미를 확장하며, 시인의 감각 너머에 깃든 정신성을 드러낸다. '행주'와 '물양동이'는 어머니의 내면을 비추는 매개일 뿐이다. 그것들을 "닦고 빨고 또 닦"는 행위야말로 서정시의 위의를 극대화한다. 특히 "큰독, 항아리, 자배기, 옴박지, 방구리, 동이, 확독, 시루, 작은 단지" 등 수많은 살림살이를 빛나게 할수록, '어머니의 사원'이 지닌 종교적 기능은 더욱 깊어진다. 마침내 "가지런히 줄을 선 항아리들"은 어머니의 단정하고 질서 있는 정신세계를 나타낸다.

이 작품은 어머니의 일상을 그리면서도, 시적 화자의 시선을 통해 어머니가 지닌 품성과 인품을 또렷하게 드러낸다.

인간에게 유년은 오래 기억되는 시간으로, 정서적 사건이 지니는 특별함 때문이다. 윤인자 시인이 떠올리는 유년의 한 장면은 '놋쇠 요강'이다. 시집올 때 혼수품으로 가져온 그 놋쇠 요강에 "다섯 남매 놋쇠 요강 위에 한 뼘씩 키를 키웠고" "하룻밤을 자고 나면 쑥쑥 자라나는 푸성귀처럼" 키웠다고 한다. 이렇듯 추억이 깃든 놋쇠 요강이 현대식 화장실의 보급과 함께 사라진 것에 대해 아쉬움을 갖기도 한다.

「어머니의 밭」에서는 "어머니 인생은 가을 채소밭"이라고 한다. 가을이면 "어머니의 밭엔 무 배추가 쑥쑥 자라"는 까닭이다. 가을은 풍요로운 계절로 어머니의 삶도 이와 같기 때문일 것이다.

어머니가 세상을 떠나자, 장례식을 치른 윤인자 시인은 슬픔 속에서 「어머니의 장례식 날」을 통해 어머니가 편안한 세계로 가기를 염원한다.

> 어머니 보내드리는 날
> 산꼭대기 안개가
> 흰머리 풀고 문상을 왔다
> 흐린 날이라 더 슬픈 납덩이 같은 심사
>
> 마침내 안개도 떠나가고
> 문상객들도 자리를 뜬
> 한바탕 통곡하던 소낙비도 그치고
> 운구차는 화장장을 향해 바쁘게 달린다
>
> 상주들의 어깨가 들썩이도록

속울음 삼키며 운구차를 뒤따르는데
어머니 가시는 길 더듬지 말라고
하늘은 맑게 개어
하늘나라가 가까이 보인다

그곳에선 아프지 말아요
어머니!
고단한 삶을 지우고 아름다운 하늘나라에서
먼저 가신 아버지 만나
즐겁게 소풍을 즐기시며
머리 맞대고 알콩달콩 편안하셔요.
- 「어머니 장례식날」 전문

  어머니의 장례식날은 시인에게는 가장 슬픈 날이다. "산꼭대기 안개"도 "흰머리 풀고 문상을" 오고, 하늘조차 가눌 수 없는 슬픔으로 소나기가 내린다. 서정시는 인간의 정서를 나타내기 위해 사물을 끌어들여 내적 감각을 드러내는데 활용되기도 한다. 흐린 날이어서 "더 슬픈 납덩이 같은 심사"일 때 자연이 감응하는 모습을 보여줌으로써 시적 정서와 메시지가 더욱 풍부해지고 선명하다. 장례식이 끝나 문상객이 떠나고, "마침내 안개도 떠나"가며 "한바탕 통곡하던 소낙비도 그치"자 운구차는 화장장으로 향한다. 상주들은 운구차를 따라가고, "하늘은 맑게 개어/ 하늘나라가 가까이 보인다." 시인은 하늘이 맑게 개이는 것을 "어머니 가시는 길 더듬지 말"라는 하늘의 뜻으로 받아들인다. 이처럼 이 작품은 시종일관 자연의 섭리로 움직이는 기상현상을 시 속에 끌어들여 어머니의 장례식에서 느낀 시적 화자의 내면 정서를 환기시키는 특징을 지닌다.

이후 시적 전개는, 평생 고생하다가 노년에 병마에 시달린 어머니가 '하늘나라'라는 은유의 공간, 즉 '좋은 세상'과 '아프지 않은 세상'에서 지내기를 바라는 염원으로 이어진다. 그리고 먼저 하늘나라로 간 아버지를 만나 "즐겁게 소풍을 즐기시며/ 머리 맞대고 알콩달콩 편안하"길 기원한다.

시적 화자인 윤인자 시인은 몸을 버리고 영혼으로 승화된 어머니의 새로운 생명성을, 정제되고 적확한 언어로 형상화함으로써 슬픔의 내면적 깊이를 드러냈다.

「어머니의 제삿날」은 어머니가 돌아가신 지 1주기가 되는 날을 그린 작품이다. 시적 화자는 어머니가 세상을 떠나던 무렵처럼 "밭 언덕에 하얀 찔레꽃"이 "생전의 미소"처럼 피어 있는 모습을 바라본다. 더불어 어린 시절 "찔레꽃 따다 시루떡 쪄 주시던" 일을 떠올리며 밭 언덕에 피어 질펀한 향기를 통해 어머니를 그리워한다. '찔레꽃'이라는 시적 상관물은 배고팠던 유년을 환기시키며, 화자는 마치 어린아이처럼 "엄마 엄마 부르며 하얀 찔레꽃 길 걷는다."

앞에서 보았듯, '찔레꽃'은 시적 화자와 어머니를 이어주는 매개물로 작용한다. 「찔레꽃 필 무렵」에서도 찔레꽃은 어머니가 돌아가신 뒤에도 유년이라는 오래된 시간을 불러오는 시적 상관물로 기능한다. '찔레꽃 내음'이 바람에 실려오면 "찔레꽃 찌던 그 옛날 우리 어머니"가 떠올라 "마음을 먹먹하게 한다." 그러나 다시 찔레꽃이 피었지만, 어머니는 곁에 없다. 그리움은 "어머니, 지금은 어디에 계시나요?"라는 물음으로 드러난다.

  살펴보았듯이 윤인자 시인의 어머니를 그리워하는 시적 정서가 우리의 가슴 밑바닥에 고여있던 뜨거움을 끌어올려 감흥을 불러일으키는 것은, '어머니'라는 보편적 시적 대상이 지닌 정서적 힘에 공감하게 하기 때문이다.